U0562890

陈从周
说 塔

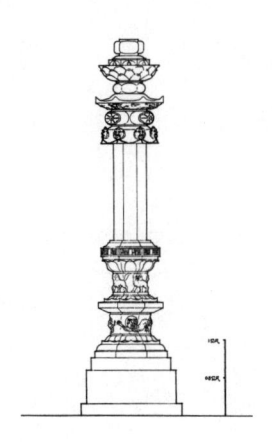

陈从周
/著

勾㦤痕
/编

社会科学文献出版社
SOCIAL SCIENCES ACADEMIC PRESS(CHINA)

百年從周

海上丹青大家陈佩秋先生题「百年从周」

旧时的城市必定有塔，

塔是中国式的高层建筑，

在悠久的历史长河中，

它不但是城市的标记，

而且是乡情和爱的象征。

陈从周

目录

001	一	古塔分布
002	二	我国古塔的高度
008	三	古代双塔
012	四	上海塔琐谈
031	五	沪郊古塔话龙华
037	六	龙华塔影园记
038	七	上海龙华塔古塔的塔基
040	八	松江县的古代建筑
		——宋塔、唐幢、明刻
056	九	说景
060	十	苏州北寺塔
063	十一	扬州文峰塔
065	十二	罗汉院双塔之修缮
067	十三	海青寺阿育王塔
074	十四	海青寺阿育王塔发现石函
075	十五	淮安文通塔考
083	十六	兴国寺毁于宋
084	十七	有关瑞光塔的重要史料
091	十八	涟水宋塔毁于战争
097	十九	春风得意上高邮

目录

101	二十	浙江古建筑调查记略
126	二十一	杭州雷峰塔
128	二十二	谈西湖雷峰塔的重建
137	二十三	俞平伯所见雷峰塔倒塌的情形
142	二十四	杭州保俶塔
144	二十五	硖石惠力寺的唐咸通经幢
150	二十六	宣城勘察记
156	二十七	宣城广教寺双塔鉴定
160	二十八	广州怀圣寺
171	二十九	临江仙　勘察广州花塔
175	三十	约观琶洲塔
177	三十一	豫晋散记
190	三十二	开封祐国寺铁塔并非出自喻皓之手
192	三十三	应县木塔
194	三十四	太原天龙寺双塔题名
196	三十五	论塔与城
199	三十六	京师十塔
214	三十七	玉泉山周围诸塔
217		编后记

大理三塔

清人谭宗浚《荔村随笔·大理三塔寺》记:"云南大理府城外三塔寺,唐以来古刹也。咸丰初塔忽裂缝,如欲倾坠者,耆老咸以为不祥,未几杜汶秀起衅,同治末大理收复后,塔缝合如故……"

一 古塔分布

我国古建筑,塔为重要类型之一。以时代而论,就各地区尚存者,分述如下:宋塔浙江,明塔皖南,宋、明塔江西,唐塔陕西、河南,北魏塔河南,辽金塔东北、河北,以上各地为较集中有代表性耳。

二　我国古塔的高度

近人姚承祖《营造法原》："测塔高低，可量外塔盘外阶沿之周围总数，即塔总高数（自葫芦尖至平地）。测塔顶层上檐至葫芦尖高度，可量塔身周围总数即得。"云云。刘士能师调查易县（河北省）白塔院千佛塔，所见明正统十四年（1449）《重修舍利塔记》有："高一百又十尺，围亦称之。"河北正定金大定二十五年（1185）所建临济寺青塔，明正德十六年（1521）《重修记》载："塔之高为丈者八，为尺者九，基之围为尺者如高之数，向上渐加刹焉。"近见北京妙应寺白塔有如许记载："据1923年重修补时，计算所得白塔之高传为廿八丈，其实高为廿一丈，塔座方形，每面七丈，四面之长，其长为廿八丈，

正定临济寺青塔

/ 陈从周 / 说塔 /

妙应寺白塔

天宁寺塔

/ 陈从周 / 说塔

与塔之高相等，塔尖之长，系为一丈八尺，塔尖下之盘系为三丈余之径。"（籥云：《京师十塔咏》妙应寺白塔诗注）陈明远兄调查山西应县木塔谓："……上述结果与《营造法原》所说'周围总数'既相差不远，又和各层高度有密切关系，因此可以认为'周围总数'是概括的说法，不是硬性的规定。正如《营造法式》所说'柱高不越间之广'一样，给设计者一个准则，又留有伸缩余地。其次姚氏所说'周围总数'是以'塔盘阶沿'为准，此塔是以第三层柱头为准，似可理解为因砖木结构不同，或层数不同，以哪一层为准，又有不同的标准。"木塔高据实测为67.31米（见《应县木塔》）。存此数节以资研究塔高度之参考。

北京天宁寺塔，旧塔前有殿。据传闻中午塔影入殿门窗隙，一塔散为数十塔，影皆倒者。又据寺僧传册所记，塔上有铃，凡2928枚，合重10492斤。法藏寺弥陀塔，在左安门内，寺亦名法塔寺。清光绪庚子（1900）前山门大殿独存。北京塔可登者，仅此塔及玉泉山塔耳。今弥陀塔已毁。

三　古代双塔

我国古代双塔，其中有两塔形制非同，而有差异者，若山西太原永祚寺明代双塔，平面八角形，均13级，高度亦相若，骤视之似完全相同，而实则区别颇多。南塔收分圜和，逐层收分度递加，轮廓清秀柔和；北塔则每层收分均等、其轮廓生涩，殊乏秀丽之感。两塔均以斗栱承檐，其斗栱颇为繁复，每华栱一跳施横拱两列，一列在跳头，如通常斗栱之制，但在栱之上更施栱一列，则尚为初见也。南塔第二、第三、第四三层周作平座，仅叠涩无斗栱，北塔则无平座。安徽宣城敬亭山广教寺双塔，宋绍圣三年（1096）遗物，东西两塔，平面皆为方形，东塔略大于西塔，东塔每边2.65米，西塔每边2.35米。

安徽宣城敬亭山广教寺双塔

宽度非一致。其于底层之门,东塔东面不设门,西塔西面不设门,以示左右之区别。北京市西长安街双塔寺双塔,明正统间建,其19级而右,另17级而左,非雷同也。永祚寺双塔1953年夏侍士能师同调查,越11年(1964)偕喻生维国重到,更十年濡毫记此,士能师往矣!为之低徊者久之。

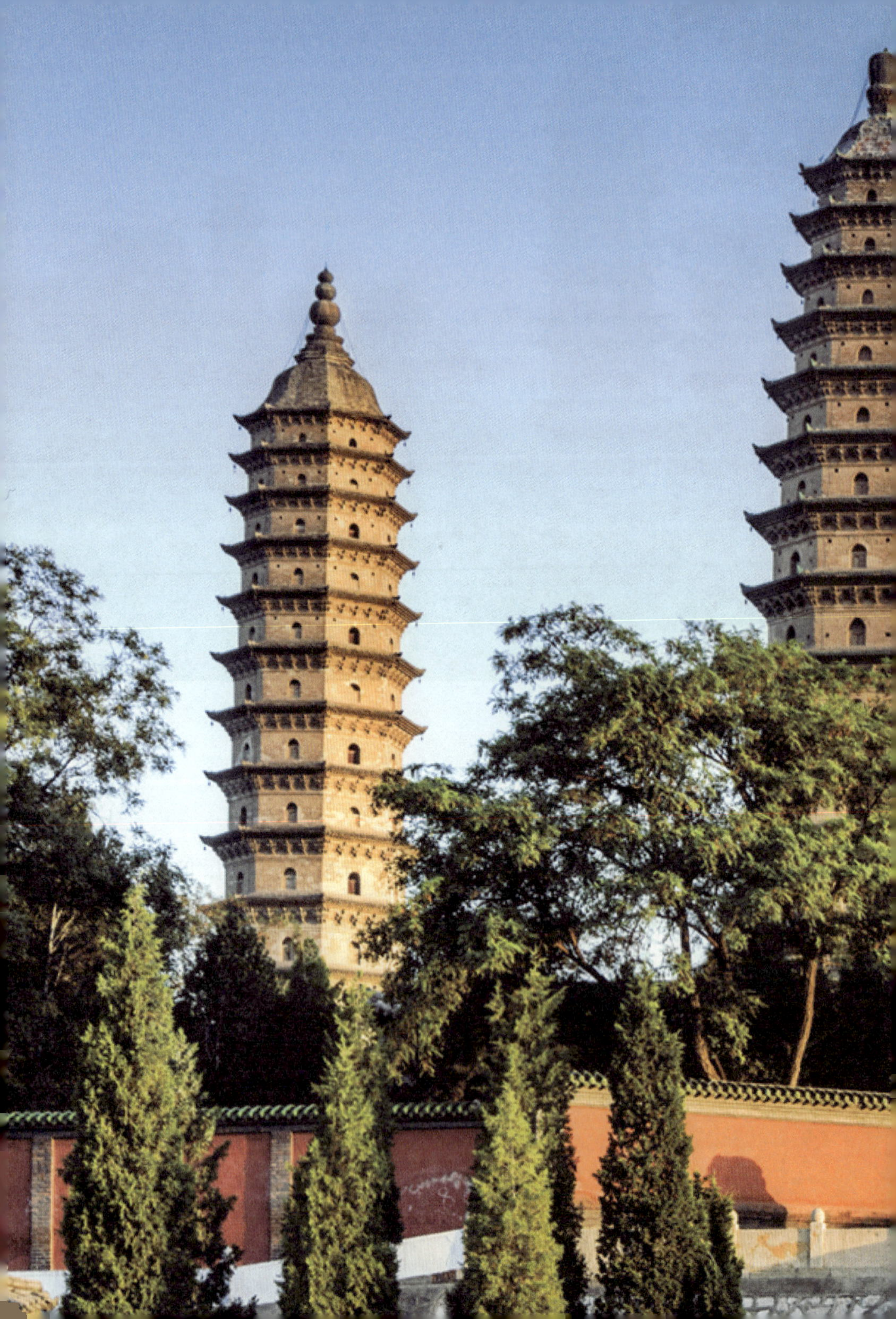

山西太原永祚寺双塔

四 上海龙华塔

四　上海塔琐谈

宝塔是我国的佛教建筑，千余年来，在广大辽阔的国土上，耸立着古代劳动人民各个时期精心制造的作品。这些建筑，在悠久的岁月里，点缀在城市、山林、原野、水乡中，与广大人民结下了深厚的情谊。

上海有11座古塔，分布在市区及附近各县。它们在不同的地理环境中，构成了各县风光的画面，勾勒了城镇乡村的面貌，吸引了无数的游客，丰富了诗人和画家的题材，尤其是新中国成立后，上海到处是新的建筑，这11座古塔，未尝不是旧城新貌的最好标志。

上海现存的塔，基本都是楼阁式的木檐砖塔，以时间而论，最

龙华塔全景

古老的当推龙华塔，建于公元977年，宋太平兴国二年；最年轻的是青浦的万寿塔，建于1743年，清乾隆八年。龙华是风景区，每当桃花盛开，庙会举行的时候，人人都想一登此塔为快。它耸立在黄浦江边，龙华镇旁。人们如果有机会登临的话，那么澄江如练，古刹（龙华）俨然，稍远的龙华公园，又是绚烂若锦，再远眺崇楼广宇，平畴千里，江山如画。

江南楼阁式的木檐砖塔，充满着"建筑美"。久居江南的人看来固然依依可爱，初到江南的人看来，更感到清新玲珑，柔和宜人。它点出了明洁秀阔的江南景色，龙华塔便是最好的一例。1954年，龙华塔经过彻底的复原修理，我参与了其事。那匀整的轮廓线，挺秀的曲折阑干，七层"如翚斯飞"的翼角，衬托了橙黄的塔身，使人感到气象万千。

松江有两座塔，一座是建于北宋熙宁（1068~1093）前后的兴圣教寺塔，俗称方塔（1974年重修，我亦参与其事），矗立在城中。其旁有明洪武二年（1369）的大砖刻，是一件国内不可多得的最大的砖刻艺术。城外的西林塔，八角七层，紧邻市河，塔下有塔射园，便是"借景"该塔的。人们缓缓地走过横跨的市桥，悠悠望见人家临水，背负古塔，而尖拱的秀野桥，静卧波上，真是一幅水乡妙境。

西林禅寺园应塔全景

园应塔第一层

松江附近还可望见两塔，其一是远处天马山的护珠塔（建于1079年，宋元丰二年），它的木檐虽已不存，但砖身屹立，宛如老衲，不禁令人回忆起当年西湖南屏山的雷峰塔来。另一是较近黄浦江上游，李塔汇镇的李塔，七层方形，建造时间亦属宋代。这二塔，一在山上，一在水际，与兴圣教寺塔、西林塔遥相呼应。

佘山是上海的风景，近百年来因为建造天主教堂，将林木蔚然、古刹名园俱全的佘山弄得面目全非。这样美丽的地方，我们祖先的遗物，仅剩

方塔与望仙桥

天马山护珠塔介绍

天马山护珠塔全景

护珠塔塔顶

护珠塔内部

护珠塔塌陷细节

李塔汇镇李塔全景图

下一座在半山的秀道者塔了。此塔为北宋初一个明教聪道人所建造。八棱七层，并不高大，却当得起一个"秀"字。它的修长的砖身，说得具体一点话，有如当年西湖保俶塔一样的风姿。《松江府志》："普照寺本佘山东庵，太平兴国三年（978）聪道人开山，治平二年（1065）赐额，有道人塔，有月轩，旁有虎树亭，道人在山时，有二虎随侍，道人死，虎亦死，瘗塔旁。"此塔因此又名虎塔。余曾于塔基下捡得宋"重唇滴水"，图案甚美。

青浦的青龙镇，是唐宋间对海外贸易的港口，素有"三亭七塔十三寺"之称，如今保存了宋庆历年间（1041~1048）重建的古云禅

佘山秀道者塔介绍

佘山秀道者塔全景

佘山秀道者塔塔顶

佘山秀道者塔柱础

佘山秀道者塔石虎

虎树亭

寺塔，又称青龙塔。它八角七层，形制古朴，保留着宋塔形式。青浦城南的万寿塔，高七层，建于清代。它的位置三面环水，是入城时水陆交通必经之处，不知已迎送了多少行人。

嘉定的法华塔，建于南宋开禧年间（1205~1207），比嘉定设县还要早十年，它四角七层，屹立城中，可说是嘉定最老的纪念物。

青浦青龙塔局部

青浦青龙塔

南翔镇云翔寺前双塔,七层四方形,殊低小,传为五代时物。松隐元塔,四角七层。以上诸塔,今尚屹立,虽历经数百年乃至千年,足证古代砖结构之坚固持久也。

嘉定法华塔层

法华塔全景

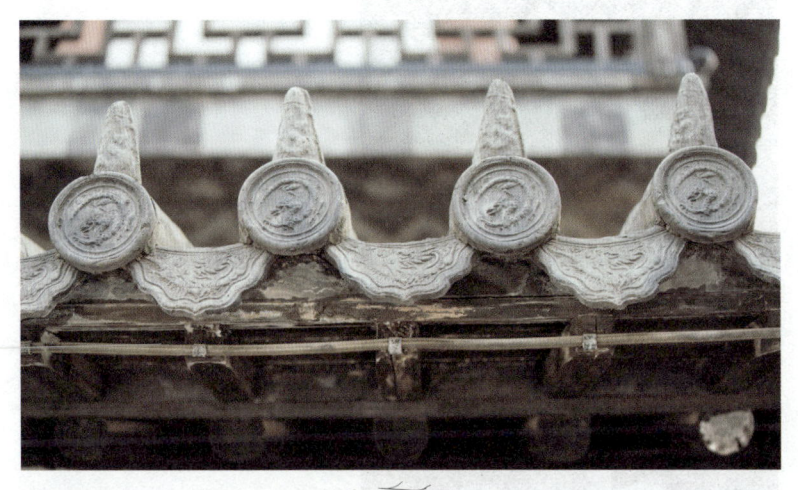

法华塔瓦当

松隐禅寺华严塔塔顶

华严塔全景

华严塔柱子

华严塔斗栱

五　沪郊古塔话龙华

龙华在上海的西南郊。提起它的话，大家都记得两件事——桃花、古塔。这些自古到今不知吸引过多少游客、诗人、画家，产生了无数的题咏和画图。唐代皮日休的诗道："今市犹存古刹名，草桥霜滑有人行。尚嫌残月清光少，不见波心塔影横。"南宋陆放翁（游）更有："乘月上浮屠，还见群峰影。金焦是耶非，一点渔灯冷。"都令人向往着当时的境界。

这塔据志书记载始建于吴孙权（大帝）赤乌十五年（247），到唐代李儇（僖宗）广明元年（880）塔毁，追宋初太平兴国二年吴越钱弘俶（忠懿王）时（977）又重建，到南宋赵构（高宗）绍兴十七年丁卯（1147）赐鼎新宝塔殿宇。而我们从当时其他的塔，与该时期的经济文化来看，并证以该塔之结构特征，应是重建于太平兴国二年（977）。不过到明朱由检（思宗）崇祯庚午（1630）大源禅师叩疏修葺。再证明这次修理塔"刹"时又发现明朱祐樘（孝宗）弘治十五年（1502）、朱厚熜（世宗）嘉靖十五年（1536）及清玄烨（圣祖）康熙四十一年（1702）等重修字样，可见明代的修理次数甚多，部分亦较广。我们从塔的部分手法，及底层壁面开洞置石踏跺木梯直至二层的不合理办法，便可见到。在清末载湉（德宗）光绪十八年（1892），塔底层被火烧毁，于是又重新修理，今日在较早期的龙华塔照片，就是这个样子。20世纪上半叶又在外部加以修理过一次，弄得一个美丽的宋塔披上了一件不伦不类的外衣。这次的修理主要是在加固，并且尽量地恢复其原有的宋塔面目。

这塔从太平兴国二年（977）算起，到今年已有978岁的高寿了。塔的砖身犹是当年遗物。塔平面作八边形，计高32.3米。加顶部"刹"杆合计40.4米。如此一个七层高的建筑物，充分地说明了我国古代劳动人民的智慧。毛主席说："清理古代文化的发展过程，剔除其封建性的糟粕，吸收其民主性的精华，是发展民族新文化，提高民族自信心的必要条件。"因此，在保存古文物建筑，与发扬民族形式建筑的今天，政府修理这座古塔是含有深刻的意义的。

这塔在结构方面，很有足述的地方。先从基础来看罢。在塔边原有的方砖地面下170厘米深的砖砌基础，每边比塔身大70厘米，下面再有五皮"菱角牙子"砖，厚度计46厘米，这许多砖砌的基础，是置于厚13厘米的一层垫木上，垫木下则是木桩（我们只能量到一面，计14厘米），桩与桩间满铺石子三合土。这种办法说明我们祖先知道上海的土质松，建造高层建筑的土壤荷重量太大，恐怕引起不平均的沉陷，于是应用了这个办法，实在是极聪明的事；今日我们有了土壤力学、材料力学等的科学知识，对基础问题，有时尚感到无法处理，可是我们的祖先在800多年前已做了这样的发明。其次，这塔是八边形，从第二层开始，内部就改为四边形的方室，它的方向，每层依次掉换四十五度角，因此各层门的位置亦跟着变化，并使壁体重量的分布较为平均，在设计时亦是煞费思考。

我们从龙华塔俯视龙华寺，可以看出中国建筑的平面特征。它以一条自南往北的中轴线为主，左右对称地安排了次要的建筑物，形成均衡对称的布局，在中轴线上有山门、天王殿、正殿、三圣殿与法堂。天王殿的左右两侧是钟鼓楼，正殿、三圣殿和法堂的左右两侧配上了其他的许多如东西配殿、客堂与方丈等。而中轴线上的最高顶是正殿，这些建筑物配上了各种不同的屋顶，一列都是南方式的做法，

龙华塔，高度 31.42 米，连刹 40.50 米

龙华塔檐

/ 陈从周 / 说塔 /

龙华塔近景

龙华塔塔层

因此整个建筑物的权衡比较高峻，而"翼角起翘"又甚挺健，于是更觉玲珑可爱。每一个乘沪杭线列车的旅客，遥远地望见这寺与塔所组织的建筑群，便知道已经到了上海。从高层建筑上鸟瞰建筑群，最能体会到设计时对总体布置的匠心。左眺龙华公园，千红万紫，隐约亭阁，环绕着曲折流水，点缀在江南绿野之中，而黄浦江漕河泾绕塔底而过，片片风帆，出落于旷空有无之间，其景物又非笔墨所能形容的；邻近还有冠生园农场、黄家花园、曹氏墓园、康健园等，都是上海人熟悉的郊游地方。这塔修理完工后，它的壁面是蛋壳色。"倚柱"是土红，如果浸在朝霞与夕阳中，或衬托在蔚蓝的晴空与朵朵白云中，再环绕了鲜绿的江南农乡，微风过塔，"铁马"锵然做声，那更是画意诗情。人们在这样的环境中，一定会产生出很多的画题与诗材，至此，充分地说明了中国建筑在色彩上的运用，说明它是一个有整体性的艺术作品。

1955 年 1 月 23 日

六　龙华塔影园记

七级浮屠，止于至善，度一切苦厄，佛家之功德也。上海龙华古刹，有塔巍然，始于吴赤乌间，自北宋太平兴国重建迄今，历千余年矣。解放后余力为修复，法光再现，更参与寺之重修，顿存宏观，唯寺塔之间，旁有隙地，精舍竣工后，终觉虚然，爰发构图之思，凿池叠石，招浮图入园，仰则观塔，俯则现影，虚实互见，晦明风雨，光影变化，大千世界，无边佛法矣。有亭名澄碧，倚亭闲眺，晨钟暮鼓，出没于乍有乍隐间。禅园之异于常园者，此园得之。明旸上人属为记，用兹弘道。

时辛未春日也

七　上海龙华塔古塔的塔基

宋代建造基础，予印象深而最资足述、有助于研究中国建筑发展者，当推予参加修理上海龙华塔所见者。在勘察塔基，经发掘在塔边原有的方砖地面下170厘米深处的砖砌基础，每边比塔身大70厘米，其下再有五皮"菱角牙子"砖，厚度计46厘米，这许多砖砌的基础，是置于厚13厘米的一层垫木上，垫木下则是木桩，当时只能测到一面，计14厘米，桩与桩间铺满石子三合土。这种办法说明先民知道上海的土质松，多流沙，建造高层建筑的土壤荷重量太大，恐怕引起不平均的沉陷，于是应用了这个办法。塔建于北宋太平兴国二年（977），1954年以宋式复原重修，匆匆已近20年了。曩岁梁思成先生作《宋营造法式图注》，后重新整理改名注释，曾索此图及说明，书未成，先下世，又将一年矣！

刘士能师敦桢曾云："明代南京的宫殿桥梁，虽地基为较厚的粘土层，仍在基础下边打桩，上面覆以格形木枋，将桩的上端插入木枋内，然后建筑基础，而墩的周围用较密的大桩包围起来，和近代的板桩同一作用。"此与前述上海龙华塔基础之记录同为研究古代建筑基础之重要资料。

八　松江县的古代建筑
——宋塔、唐幢、明刻

去年（1953年——编者注）十二月初，我和戴复东、吴庐生、朱保良诸同志赴江苏松江县调查古建筑，其中有唐宣宗大中十三年（859）的经幢，北宋熙宁（1068~1077）间建的兴圣教寺塔，明初太祖洪武三年（1370）的巨型雕砖照壁，明末董其昌书金刚经碑。这次调查的主要对象是兴圣教寺塔，所以本文就先从它介绍起。

兴圣教寺位于松江县城内东南谷寺桥西，五代后汉隐帝乾祐二年（949）邑人张瑗之子仁舍宅为寺，本名兴国长寺，到北宋真宗大中祥符（1008~1016）中改觉元院，后又改今额。熙宁间沙门西玠与如讷如礼建塔，四面九级，旁有钟楼，其高及塔的一半，元季寺毁于兵而塔与钟楼独存。明初太祖洪武三年知府林庆以其地三分之二建府城隍庙，其后寺僧道安原珍在庙南建忏堂五间，附塔而居，榜曰兴圣塔院，未几塔坏于飓风，复行修理，始自洪武二十九年丙子（1396），至成祖永乐十三年乙未（1415）落成。英宗正统十二年（1447）僧善昌重修，神宗万历（1573~1619）间僧大振再修，二十七年（1599）署丞顾正心复修钟楼，清世祖顺治十七年（1660）同知刘作霖捐葺钟楼，提督梁化凤施资修塔，至高宗乾隆三十二年（1767）僧慧诚募修浮图，仁宗嘉庆五年（1800）邑人沈虞扬修钟楼，宣宗道光（1821~1850）间一度重修塔，而文宗咸丰十年（1860）太平天国革命战争时钟楼毁于兵。如今四周复都夷为平地，只见孤塔屹立，其外观虽没有唐构的凝重古朴，而耸然于断垣残照中，仍能表现出它的无限美感。

塔的平面：塔南向，偏东五度，平面为正方形，每边宽六公尺，每面以砖倚柱划为三间，明间中央辟门，门内经走道，然后导至中央方室，无塔心柱，每层施木楼板，与附近的上海龙华塔、苏州罗汉院双塔，同样尚存北魏嵩岳寺塔旧法。按我国砖塔，自辽宋以来，它的平面大多是八边形，而这个塔建于北宋，但仍袭唐代大小雁塔方形的旧法，实在是宋塔中难得的遗构，不失为唐宋塔嬗递中的特例。现在楼板只余七层以

兴圣教寺塔远景

/ 陈从周 / 说塔 /

上,所以从下仰看,如一个倒置的枯井,而各层平面则都与底层相同。

外观:塔九层,砖砌。每层施木构平座腰檐,壁面除栌斗及其左右出的泥道栱慢栱皆用砖砌出,其他华栱与跳头上的令栱全系木制。每层约收进一倚柱径,向上逐层递减。全部结构,简洁明快。塔下四周浮土甚高,台基已不可见,假使拿苏州双塔的情形来说,根据张志刚先生发掘结果,尚有二公尺砖砌塔基一层,随塔身回转,但是这塔是否如此,未经发掘,尚不知道。塔每面面阔三间,除柱头铺作及转角铺作外,明间施补间铺作一朵。直接置于阑额上,无普拍枋。各层皆相同,倚柱系整块圆砖实砌,它的直径为30公分,上施圆形栌斗及柱头转角等辅作。现在的第一层及第九层的受损尤重,应速抢修。如果限于目前条件,可先将塔门暂行封闭,底层残缺处略略加固,使塔砖不致剥落。

第一层:四面明间设门,作壶门式,现在南面一壶门已残缺不存,它的上面施木过梁。门外积土甚高,所以入口须向内逐渐降低。现在塔檐及平座已无,仅见榫眼数处,似原来尚有附阶一层。而该层特高,颇似苏州双塔的,因此我怀疑原来或有如山西应县佛宫寺塔有重檐的可能。

第二层以上每层都有木制的平座腰檐,现凋落殊甚,而平座上的勾阑已没有存在的了。外壁表面则于圆形的柱下施地栿,上施阑额一

苏州罗汉院双塔

/ 陈从周 / 说塔 /

壶门式的门，门的两侧列方柱，阑额上无普拍枋。平座以现状而论，系在砖砌的泥道栱中出挑梁一层，出头作卷头状，是否后修时利用旧物，或是重制的已无由知道。挑梁上施楞木，上铺地板，雁翅版钉在挑梁梁头。其外加磨砖一层。平座转角皆置于戗脊上，亦是后来重修时不合理的做法，虽然在平座结构未产生前亦用过这种办法，但此绝不是有意做成的。这塔各层檐下斗栱权衡较原来砖砌的为小，系明代所修补，用五铺做双抄，栌斗左右出泥道栱慢栱于柱头枋，华栱出而二跳计心造，分别承受令栱与罗汉枋橑檐枋，还存旧制，其上则为遮椽板所掩。依《营造法式》卷五平座斗栱来说是应当"减上无一跳或二跳"。那么这塔的平座斗栱一定不是现在状况可知，此于苏州北塔寺修理犯了同样的错误，是清代修理时的因陋就简办法。又平座四隅设木柱，支于上层的檐下，及出檐起翘，皆明清江南的做法。

塔顶的刹：于垂脊上直接施覆钵，无基座，覆钵上为露盘，再上为相轮九层，其数较上海龙华塔、苏州双塔北寺塔以及应具木塔均增加。上为宝盖，再上复施宝珠，至顶为略似宝葫芦形的宝瓶。刹上无水烟圆光，其宝盖宝珠上部已呈繁琐，是一度经明清重修的征象。其大体比例，还保存唐刹的遗型。

内部结构：塔内各层方室，四出辟门，中有走道。走道的顶有藻

兴圣教寺塔近景

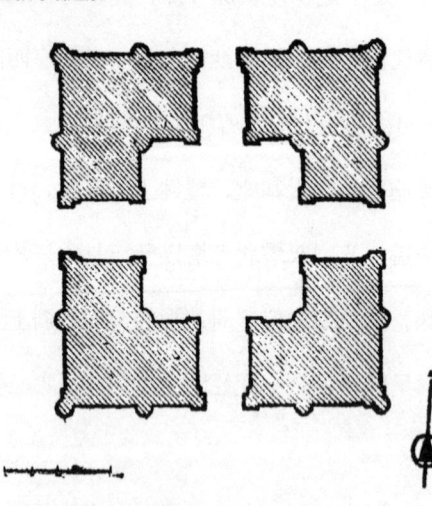

兴圣教寺塔塔刹

兴圣教寺塔底层平面图

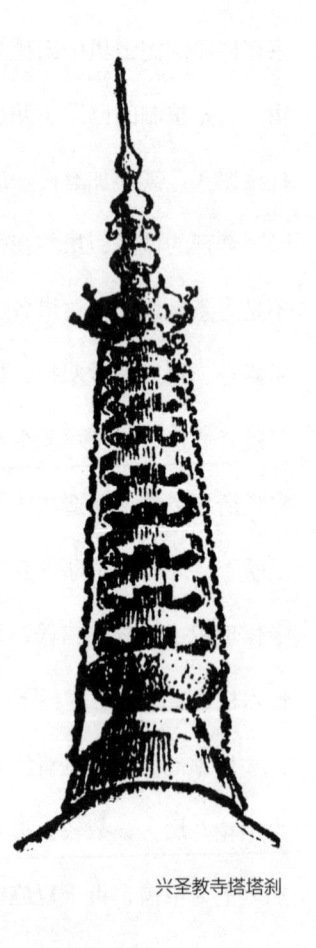

/ 陈从周 / 说塔 /

井，它的中央留一孔，尚能望见其中的木骨，壶门上部，其内侧有枋，置于木栌斗上，作月梁形。我们在底层南面的月梁下，石灰剥落处见到一行墨笔题字，但已如粉状浮于木上，一经触手，就不成字，仅能认到"男满询通并家眷"七字，看它的笔意与措辞，可能是北宋间的遗物。内部各层方室都装有木构楼板，为北魏以来沿用的旧法，但木板的上面可能如龙华塔双塔一样的再铺方砖，则须攀登最上三层后方能知晓。

第一层内部结构详状，系于四隅砌砖砌圆形倚柱，上施内额，额上是栌斗，其左右出泥道栱慢栱，无跳头，以现在形制来看，二层楼板不用斗栱承载，而直接将楞木嵌于壁面，中间距离颇高，似乎它的中间还应有藻井一层。入口的门则作圆栱状，与上八层方形有别。

第二层以上高度逐渐减低，每层面积约向内收进一倚柱径，逐层递减，与外壁情况相同。柱上施阑额一层，其下复有一枋载于入口两侧的方柱栌斗内，额上斗栱用五铺作重抄，自栌斗口左右泥道栱慢栱，上施素枋一层，华栱第一跳偷心造，第二跳施令栱，载素枋一层。部分的栱两端卷杀，在栱瓣的角上刻凹曲线，乃清代江浙通行的做法，是清代重修无疑的。转角铺作于栌斗中出四十五度华栱二跳，偷心造，上是素枋，其法与苏州双塔同。楞木置于枋上用以承受楼板。现在第七层以上为楼板遮住，其余各层结构相同。塔内梯级，现仅见第六层的木梯尚存,再根据壁面挖削部分观测,系同为木质。第一层置于东首,第二层仍置东首,前者自南向北登梯,后者自北向南登梯,三层以上则东西相闪而置。刹杆以龙华塔双塔北寺塔诸例而言,应延至八层,再用巨梁承载,可惜现在没法上去。现在刹已向东北倾侧。

建造年份:我们除了从塔本身的形制与特征,并证以江南同时代的宋塔,确定为北宋神宗熙宁间造无疑。再参考康熙二年《松江府志》,嘉庆二十三年《松江府志》,光绪四年《松江府续志》,以及《华亭县志》载明释心泰《重修塔记略》,均能符合。唯以现状分析塔砖身是北宋原构,砖栱亦是旧物,木构的斗栱除明制外还有部分清代修理的,它的权衡都比砖砌的小,结构仍用宋代旧法。而在明代的几次重修,显然是外檐、平座、斗栱、楼板等部分。至于外檐及平座,是清顺治间修后,又经道光时再修,方才成为今日的状态。这塔在中国建筑史上是一个重要的证物,是值得保护的。

唐幢:距塔西半里,旧松江府华亭县前有经幢一座,下部埋于土石堆中残损殊甚,八棱幢身,刻《佛说大佛顶陀罗泥经》,字迹挺秀,一望是唐人的笔意,但已剥蚀得不能全部辨清楚。且本身复有断痕。幢身上施宝盖装饰,卷云,八棱之顶,仰莲等。仰莲莲瓣系多层,与我们去年调查的附近硖石唐懿宗咸通十五年(874)二幢相同。

唐幢全景

经幢底座 幢顶

经幢细节

兴圣教寺塔和照壁

/陈从周/ 说塔 /

卷云的上层镌神像、仰莲下层刻佛，刀法遒劲，线条豪放，唯层数已加多，权衡顿觉肥硕。现最上层的顶已无存。根据康熙二年《松江府志》，这幢建于唐宣宗大中十三年（859），当无可疑。相传地有涌泉，云是海眼，立此镇之。它与山西五台县佛光寺唐宣宗大中十一年（857）一幢，仅相差二载。这幢未被收入孙星衍《寰宇访碑录》。

明雕砖照壁，塔北松江府城隍庙，根据《松江府志》是建于明初洪武三年（1370）。庙非原构，大殿亦圮，唯山门前照壁犹存，系砖刻，宽达面宽一间，高及丈余，巨硕无比，刻麒麟、鹿、卷云、芝草等，生动异常，其手法虽略显繁缛，在江南雕砖中还是上乘，现完整如新，应是值得珍护的。

董书《金刚经》碑：庙东首为董其昌祠，祠已废，而董书《金刚经》碑折断于地上，是书行款构成塔状，别具一格，当地人很重视。现已有苏南文管会设法保存。

载《文物参考资料》1954年第7期，同济大学建筑系历史教学组调查，陈从周撰文

照壁细节

/ 陈从周 / 说塔 /

照壁

九　说景

　　五月的江南，绿染芳郊，小径虽然红稀，但还有些闲花点缀着。郊游并没有过时。北京赵朴初老人来上海，他面露慈祥的笑容，希望我陪他同去青浦金泽镇勘察颐浩寺遗址，因为同行的真禅和尚发愿重建，所以有幸作了一天小游，在那天下午还游了淀山湖。

　　淀山湖的大观园，老实说兴趣不大，因为本来大观园是宅园，如今以郊园方式出之，是否"得体"有待商榷，而且我最讨厌的是那大门口照壁浮雕上戴了胸罩的十二钗，令人啼笑皆非，但转思一下，也便释然，好在淮海路有家古今胸罩店，可能是这家店出售的古胸罩吧。

一个人不能没有成见，但成见有时可能会转化。大观园建塔，来征求过我的意见，亦商量过方案，可是造成后我却没有去过。这次从金泽镇发车，远远地望见了这浮屠引起了我的遐思，解除了过去进得园来，方知春色如许的心理。使我进一步明白了西湖为什么造雷峰、保俶两塔，又为什么水网地带有那么多的塔，航标也罢，镇风水也罢，但以我简单的感觉，大观园有了此塔是以景引人，这一笔将整个画面般的景区点活了。

可能酸丁积习未消，简化字没有学好，常常在风景与园林中，挑三拣四，自觉罪过，但不信在大观园匾额中，居然出现了"有风来仪"，可能是我老眼昏花，亦可能是简化了吧，但"有凤来仪"的"凤"用繁体字来写，与风字的差别还是很大的（鳳、風），也可能书者未错，做字的人"偷工减料"了。但是主其事的又何至不经心如此呢？建园难、造园难，"屋肚肠"（内部陈设）更难，匾对书画摆设最难，我不希望在园林中的室内布置出现文物商店，这是一门学问，要有考证，要细细推敲，尤其是有历史性的园林。

闲话少说吧！匆匆下船，在下船前，我已为大观园的塔所陶醉了，本来淀山湖无山，只有余下八公尺的淀山，大观园不突出，没有仰视的借景，如今不论走到哪个院中，都能见到这秀挺的塔影，可

大观园塔

/ 陈从周 / 说塔 /

说是移步恋人。偌大的园子，感到亲切，不空旷，看游人也觉得它好，但可惜他们说不出道理来，只是"相看好处无一言"。到了船上，穿出拱桥，回望大观园，真可说是"面面有情，环水一塔塔相映水"。这个半岛绿得如水晶盆中的碧螺，而塔呢，秀出云表，塔的引人风姿，使我联想到塔下的园林，我的感情就是环绕着这塔的四周，我愿化作水中的水草、游鱼，能朝夕在这塔影的怀抱中荡漾着。我斜倚船舷，浮上了种种幻想，我憎恨水浪打破了塔影，我从塔上的日照的移动，船行时所形成塔与景不同的变化，从图中的静观，到水上的动观，这八角形的多面体，处处随人，实在太可爱了。本来这塔是水塔，设计者仿北京大学未名湖的塔构思而成的，可是如今因选址得宜，效果远远超过前者。北京大学现在环校皆高楼也。将来未名湖的塔，无出头之日了。深望大观园四周，淀山湖四周，不要再造出那出人头地的高楼了，那么，大观园塔将永远留在游人的心中，不知将有多少的诗篇、多少的画本来歌颂它、赞美它。

雨狂风正暴，梅子青时节。小斋中枯坐，几日前的清游，暂时的浮思，亦不过佛家所谓求解脱吧！

十　苏州北寺塔

苏州北寺塔今已整修。1958年夏，予偕同济大学诸生曾往测绘此塔，适遭雷火之击，毁部分腰檐。其后屡屡拟修，至1965年冬与路生秉杰同作规划。施工期间，则邹生宫伍用力至勤。予尝疑此塔明时大修，经此证鄙说之有征也。盖顶上三层，确为明嘉靖年间重修，而塔则建于南宋绍兴年间，皆有砖为证。据此可补士能师苏州古建筑调查之未及处。

苏州北寺塔

北寺塔塔层

北寺塔梁柱

北寺塔内部

十一　扬州文峰塔

扬州文峰塔，濒运河，出万家灯火之上，数里外望见其高耸入云霄。古代之塔，构成城郭之美，此为一佳例，特今日城垣已毁，略形逊色耳。不能以塔之年代稍晚而有所贬低也。塔原为释氏之物，而今名为文峰又与儒家发生关系，盖扬州科第不显，止以求昌盛。浙江崇德县之文峰塔建于县文庙前，其用心　也。明万历十年（1582）知府虞德华建文峰塔。清咸丰癸丑（1853）寺毁，塔仅余砖心。今所见焕然外观者，1960年左右扬州城建局重修。塔七层，梯级砖砌于塔壁中，为明人习用手法。

扬州文峰塔

/ 陈从周 / 说塔 /

十二　罗汉院双塔之修缮

苏州罗汉院双塔之修，予草拟修缮计划，而东塔施工主持实出王国昌师傅之手。王，吴人，业水作，技术高妙，此塔之修，仅一简单脚手架，施工亦颇方便安全，以极低之代价于短期迅速完工，质量形式，视先修之西塔为优，以此之技对以后苏州修理古建实创极有利之条件，惜不久以胃疾下世。

罗汉院双塔

罗汉院双塔未整修前

/ 陈从周 / 说塔 /

十三　海青寺阿育王塔

　　1972年9月南京博物馆邀同济大学会同对连云港海青寺阿育王塔再度进行勘察，并作出维护加固方案。余偕路生秉杰与南京博物馆蔡述传前往，蔡1955年4月曾陪我作第一次勘察者，流光匆匆，旧地重游，不觉已十七年矣。过去所撰《海州古建筑海清寺塔园林寺正殿勘查记》一文刊于《同济学报》1965年第·期。

　　是塔建于北宋天圣四年（1026），至今垂946年，尚矻然矗立于云台山麓，方今大村水库建成，一塔卧波，倒影历历，风景信美，为连云港市添一风景新点。

　　我们从调查中得知，宋塔多为砖木混合，即所谓砖塔木檐楼阁式

连云港海清寺塔

/ 陈从周 / 说塔 /

塔。纯属砖结构者虽有所存在，而未若此塔之尺度大，盖从塔心柱及外壁，以至内廊、梯级、平座、腰檐等，皆莫不用砌砖，发挥了砖结构之性能。造型方面，外轮廓卷杀柔和，极具明秀稳定之感。今日所见宋塔同此类型者，以高度而论略逊河北定县北宋咸平四年（1001）造之开元寺料敌塔，同为南北两巨构。据《清嘉庆海州直隶州志卷二十八》金石录海清寺塔柳峦记碣所载："造塔都料泗水成守元镌。"可补入《哲匠录》。

海清寺塔底层

海清寺塔九层内部

海清寺塔九层内部

海清寺塔九层藻井

海清寺塔南面细部

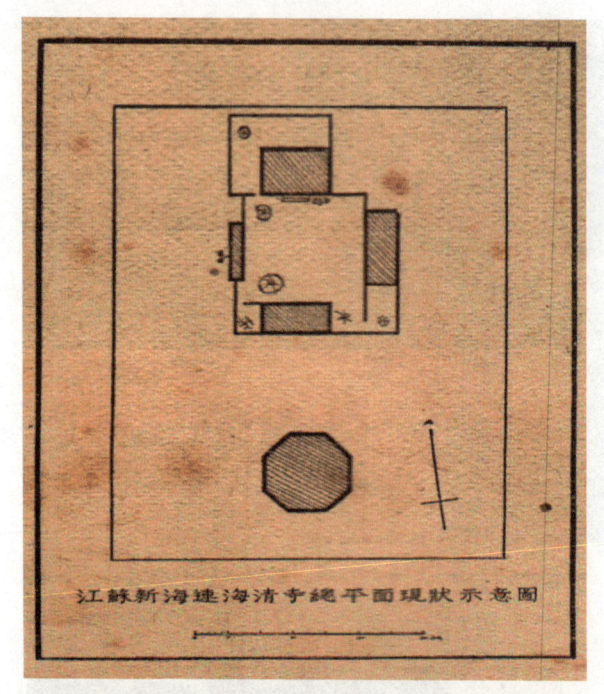

海清寺塔总平面现状
示意图

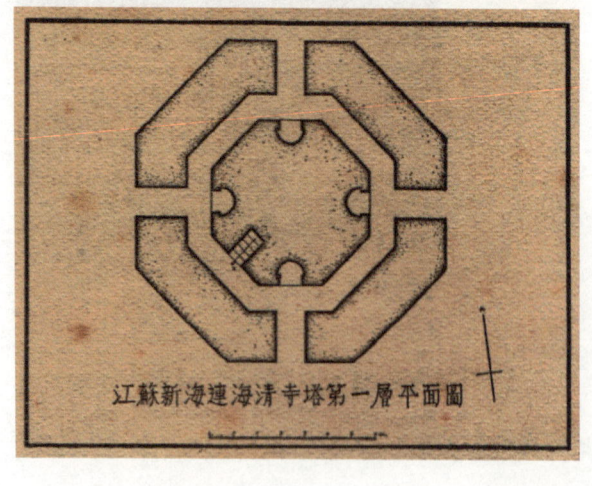

海清寺塔第一层平面图

/ 陈从周 / 说塔 /

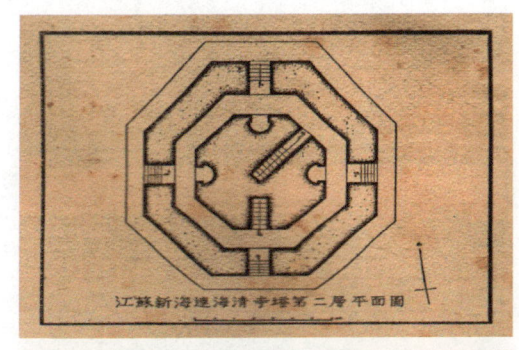

海清寺塔第二层平面图

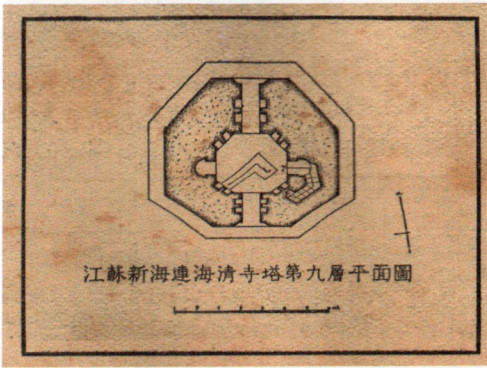

海清寺塔第九层平面图

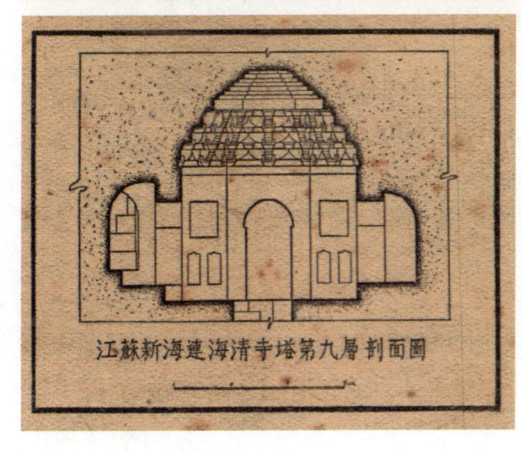

海清寺塔第九层剖面图

十四　海青寺阿育王塔发现石函

接连云港市博物馆王其杰函，承告海青寺阿育王塔发现石函事。其情况如下：在修塔底层时，在砖踏跺下有一砖室，内置石函，中藏一铁匣，其内南端放一银棺，北端放一银精舍；银棺内南端置一鎏金银棺，棺内盛"佛牙"。北端置一银方盒，盒内有琉璃葫芦瓶，内装舍利子，与瓶一起尚有"佛骨"两块。银精舍内置一"佛牙"（实为马牙）。石函座下砖缝间出土若干铜钱及小铜佛（三个）、小铜兽（一个）。铭刻为施主名及纪年月日，一律为"天圣四年四月八日"。十九年前余勘察此塔，鉴定为北宋天圣四年建，今复得此证，益坚前说之有征也。

十五　淮安文通塔考

1972年9月中旬偕秉杰、述传同至淮安勘察文通塔，其建造年代考订如次：

此塔平面八边形，无塔心柱，砖砌，现存腰檐六层，其底层较高，下部砖墙略向内收，似尚有围廊一周，以构成七层之塔。塔顶为后修时所加，与整个塔比例不相称，以平面而论，已是五代北宋以来多边形做法，但塔内无塔心柱，尚沿袭唐塔遗风，其砖壁已视唐塔为薄，空间加大，则较唐塔在结构与平面使用上已有所发展，塔檐为砖叠涩出檐，不模仿木结构形式，犹存北魏迄唐砖塔出檐之做法，因此塔外形抛物线较大，有显著收分，视宋代其他诸塔为凝重，而塔内部又视有塔心柱者为宽畅，在宋塔中尚是罕见之例。实为我国唐宋塔递变中重要实例，不能因其形式质朴而贬低其发展中之价值。因此就平面、外形与结构三者而论，应是宋代早期之砖塔。

塔内现存石刻：（1）北宋太平兴国九年（984）张瀛建塔碑记（在六层）。（2）北宋太平兴国九年碑（在五层）。（3）元碑？（4）清咸丰元年（1851）重修文通塔记。案太平兴国计八年，九年已更元为雍熙。此碑尚沿用旧年号，碑文书法（正书）遒劲，犹存唐人之风，为唐宋书法变迁中之过渡作品，不特书法佳美而已。其二宋碑，碑文残缺，检文字有"兵火焚烧""成满到第四级矣"及"舍净财成就第五级"等语。再就书法论与前述之碑同一风格，则其为宋碑无疑。残文中尚余"国九"两字，应同属北宋太平兴国九年所刻。元碑？无纪年，有"楚州衙内……副将刘承嗣舍钱一贯"语。从书法（行书）而论，尚承有宋代遗意，若系元碑，应是元代早期石刻。以上三碑似未见罗氏《淮阴金石志》及其他金石著录，殊可珍护。清碑云："唐中景龙二年（708）所建。"与实物形制不符。又云"是塔之易为文通，当在明代。塔高十三丈三尺"等语，可资参考。

案北宋太平兴国九年张瀛建塔碑所载："旧址自大隋仁寿二年（602）瘫瘗上有丽阁……周室重兴，淮甸同轨，山阳一郡，兵火磬然，舍利空存其基也。"则为木塔无疑,其后北宋初建此塔,易为砖砌。至太平兴国九年,"瀊切睹胜利辄启精诚,遂舍己财壹拾阡,砖贰万口,母亲王氏砖壹万口,长男文通舍砖贰万口,共成第六级。……时太平兴国九年岁次甲申六月□日弟子张瀊、母亲王氏、长男文通等记"等语,知为是年建成至第六层,而另碑又刻于同年,碑文有"舍净财成就第五级"语,则同为一时所建造,据此可知古代施工技术及筹款迟速等因素,一塔之成非在旦夕。兹姑以此年为最接近建成时期。其始建之年又无可考,因此定此塔为北宋太平兴国九年所建,似尚有所据了。

文通塔苑

文通塔

文通塔塔顶

文通塔塔檐

文通塔介绍

重修文通塔碑记

又按苏州罗汉院双塔建于北宋太平兴国七年（982），州民王文罕、文安、文胜所建。上海龙华塔建于北宋太平兴国二年（977）。此二处之塔建造年代与文通塔最近，且同在江苏，但苏南苏北相距几近千里，双塔、龙华塔已为仿木结构楼阁式，此塔尚沿唐塔叠涩出檐，故我疑楼阁式砖塔似始兴于江南。（参拙文《上海塔琐谈》，《文汇报》1962年12月21日及《苏州罗汉院正殿址》，《同济学报》1957年第2期。）

1954年龙华塔修瓦当仿自苏州双塔宋瓦当，滴水仿巨鹿出土宋滴水。

近阅吴梅村诗《九峰草堂歌》注有虎塔一条，可证上海佘山秀道者塔之建造年代。

虎塔《松江府志》普照寺本佘山东庵，宋太平兴国三年聪道人开山，治平二年（1065）赐额有道人塔，有月轩，旁有虎树亭，道人在山时有二虎随侍，道人死，虎亦死，瘗之塔旁。或云宋庆历七年（1047）聪道人建。此塔今尚存，秉杰曾测绘，云普照寺一碑犹存塔下。案此塔予曾屡至，秀挺于佘山之麓，形制极美，亦楼阁式，与双塔、龙华塔同一类型，唯比例则更佳。

龙华塔瓦当

十六　兴国寺毁于宋

　　木塔今存者唯山西应县一实物。江苏兴化闻旧有小木塔一座，毁不久，未及一观为憾事。清嘉庆《宁国府志》载："兴国寺在城北门外里许，旧名延庆。唐咸通乙酉建有木浮屠，因号木塔寺。宋太平兴国庚辰重建，继毁于兵……"（卷十四《营建志·寺观》）足征其时木塔之盛。

十七　有关瑞光塔的重要史料

苏州瑞光塔有关文献除塔中铭记外,《吴县志》尚详,唯明人许元溥《吴乘窃笔》中《塔心发愿文》一则知者甚少,究建筑史者且无一人见及,甚矣读书之不易也。兹录于后:

瑞光寺为吾郡名刹,一塔相传赤乌年建。崇祯庚午(1630)竺璠上人以久圮募修,轮奂奕然。癸酉(1633)六月廿五日为异风吹下其顶,铁轮皆堕,遂议重葺,竺上人特走荆州,得千年古楠二本为塔心,于甲戌(1634)十月二日易去旧木,旧木有镌文云:"宋故安人李氏四十八娘悟真施瑞光寺塔心木,以一百六缗营

苏州瑞光塔附近旧城

瑞光塔全景

/ 陈从周 / 说塔 /

浆水架以助植之，今塔级庆成，而逝者不及瞻兹胜事。惟冀慈尊照其初心，接以神力，顿洗六根之障，径登九品之生。淳熙十一年（1184）八月二十八日，夫朝散新充提领户部犒赏所主管官赐绯鱼袋陈嵩卿谨作礼以识。"按《后山谈从》载徐之南山崇胜院主崇璜，故王姓也。熙宁中修殿，大像腹中得画像，男女相向，衣冠皆唐人，而题曰施主王崇璟，岂其前身耶。此塔心木，为余妇王簪珥所喜舍，夙缘将毋顿是发愿文亦何须作，正恐后之视今，亦犹今是昔尔。

此节为瑞光塔史中之重要资料，可增订《苏州瑞光塔》一文。（《文物》1965年第10期。）案：许元溥字孟宏，长洲人，明崇祯庚午举于乡。此文清同治重修《苏州府志》及民国修《吴县志》皆未征引。又文中所云浆水架似为脚手架之音讹。为宋代施工提供造价之资料。以置刹干须新构脚手架也。似系建炎兵燹，刹毁，淳熙中所重修者，待考。

瑞光塔屋檐

/ 陈从周 / 说塔 /

瑞光塔斗拱

瑞光塔梁柱斗拱

瑞光塔石碑

/ 陈从周 / 说塔 /

十八　涟水宋塔毁于战争

张伯超告我，苏北涟水之塔原存两座，城内能仁寺妙通塔，七级八面，建于北宋天圣元年（1023）；另一为月塔，亦八面。妙通塔因战争需要，于1948年5月21日中午，由其埋火药50公斤炸毁，彼时任城区区长，奉管文蔚司令之命也。伯超久主持苏州市政建设，近（1976年7月）赴苏州参加虎丘塔修缮会议，伯超席间谈及。

能仁寺妙通塔

/ 陈从周 / 说塔 /

【妙通塔】

Miaotong Pagoda | 妙通塔
묘통탑

妙通塔建于宋仁宗天圣元年，是皇家敕建名塔，至今已有980多年历史。原塔高30余米，2001年复建塔高66.88米，七级八面，下设地宫。塔身由砖石砌造，外廓剪影优美，远望古朴凝重，巍峨雄伟。此塔是为了瘗藏证因大师的舍利而建，证因大师姓娄，字守坚，号娄道者。

天禧五年冬，方偕任涟水知军，证因大师听说他不信佛事，便对弟子们说："缘尽矣，当灭。"遂于真宗乾兴元年(1022年)正月十一日午时侧卧仙逝。同年二月，宋仁宗赵受益接替皇位改元天圣后，赐证因大师谥号"蹈宝华如来"，并敕令在能仁教寺建塔纪念。天圣八年(1030年)塔成，钦赐匾额曰"妙通"。治平四年（1067年），证因大师弟子们将祖师的骨灰瘗埋入塔下的地宫。

妙通塔介绍

【能仁寺】

Nengren Temple | 能仁寺
능인사

能仁寺始称"义殊院"，后改"承天寺"，宋仁宗敕令在寺内建塔，赐命"妙通塔"，并诏令改"承天寺"为"能仁教寺，简称"能仁寺"，此名一直沿用至今。该寺始建于唐初，距今至少有1300多年历史。

1948年7月，妙通塔不幸毁于战火，能仁寺也随之消失。

能仁寺于1998年复建，由南至北，依次有天王殿、妙通塔、大雄宝殿、卧佛殿、藏经楼、方丈楼等建筑。"能仁寺"匾额，系已故中国佛协会长赵朴初题写。

Nengren Temple was originally named as Wenshu Monastery and later on renamed as Chengtian Temple. A pagoda was built inside the

能仁寺介绍

妙通塔

/ 陈从周 / 说塔 /

妙通塔塔顶

妙通塔塔檐

重建妙通塔碑记

涟水妙通塔，始建于宋仁宗天圣元年（公元1023年），毁于民国三十七年（公元1948年）七月七日。1998年3月，县委、县政府顺应民意，在原址依原貌重建妙通塔，1999年6月1日奠基，2002年4月30日封顶，同年9月9日竣工。重建的妙通塔，仍七级八面，高68.88米，下设地宫，供奉佛牙舍利等稀世珍宝。妙通塔的建成，是涟水籍海内外百万同胞同心协力铸成的丰碑。

中共涟水县委员会
涟水县人民政府
2002年9月9日

妙通塔复建碑记

涟水县妙通塔复建工程

设计单位：上海同济大学建筑设计研究院
施工单位：江苏省涟水县建筑工程公司
监理单位：淮安市筑苑监理事务所
开工日期：一九九九年六月一日
竣工日期：二〇〇二年九月九日

妙通塔复建碑记

十九　春风得意上高邮

"四人帮"被打倒后,我总爱用"晓色云开,春随人意"这两句秦观的词来抒写心情,也因此为若干风景园林题过字,看来还是妥帖的。少时爱读秦词:"自在飞花轻似梦,无边丝雨细如愁。""夕阳外,寒鸦数点,流水绕孤村。"很想到他故乡江苏高邮去看看,欣赏一下当地风光对大词人创作的影响。并且高邮二王——王念孙、王引之的学术,也一向使我景仰不已。事也凑巧,秦观的文游台与王氏纪念馆要修缮,我有幸在前岁飞花细雨里,今年春风得意中两次上了高邮,留下了"春风十里柔情"的回忆。

"垂杨夹道,杜若连汀。"这是使人神往的小城景色,但如今渐渐地随着不合理的小城建设消失了，只有在低徊默诵中得之。城市引景实在太重要了，现在姑且不论城市，就是风景区也没趣了，我在全国风景会议中曾经说过"四周树木都破尽，一路天窗（开石）直到山"已成普遍规律，庐山、黄山、海盐南北湖……我不忍多提了，是谁之过呢？高邮城未到前的序幕，实在诱人，林荫道沿着大运河，有疏有密，所构成的画本，清灵、雅淡，林影河光，有些不信是在苏北。从前人说，人杰地灵，那么秦观成为一代大词家，必非无因，所以说钟灵毓秀，我们对城市规划与建设在景观上不可等闲视之。

"高邮邵伯水连天。"水是这里的特色，因水而成景，大运河中的镇国寺塔，亭亭出小之屿上，与池光倒影，虚实成趣。塔建于唐，修于明清，四角七层、凝重硕秀，很有地方的性格。老实说这塔是先入为主，它仿佛是高邮的代表建筑。水的变化太妙了，景的形成太多了，风帆、水鸟、芦丛、鸭群，历历若绘，平淡质朴的村居，映在朝晖与夕阳中，而空气的净洁，恬适极了。那里的宾馆，是单层平屋，梧桐深院，滴翠迎人，虽然没有空调，我却认为是最高的享受，正如冰箱中的食物，哪有市鲜味美呢？因为没有空调机声、流行歌曲声，我有了"超士"的境界。我并不因为没有现代化的设施，而感到招待水平不高。此地菜肴，有些像20年前的扬州，味能存真。扬州近来有

高邮镇国寺塔

点"洋州"味了，高楼宾馆，无异住在外国，远望瘦西湖，近来太窈窕了，瘦了几分。湖宜平视，却忌俯观，可不慎乎？

北宋时苏东坡先生到高邮，与秦少游（观）先生等在一个土埠上作文酒之会，这里后来点缀了建筑，成为高邮一景，名之为文游台。这是一处重要人文景观，有花木台榭之胜，而石刻尤胜，可惜吟诗雅集之处，其近旁开了大公路，还有药厂，有些煞风景。朱副县长延庆同志是位文人，但秀才救不了它的命。我们在文游台，牛衣对泣，唏嘘一番而已。延庆同志从学校调到县里，颇以轻弃业务为累，我说你县先贤王氏身居显位，而成一代宗师，其故居平屋数间，而文章千古，不是典型犹在么？相与莞尔。

"落花水面皆文章。"清游何处不宜人，旅游要有点诗人的情趣，则其乐隽永有味，可以消除"凡俗"，这才是真正有文化修养的旅游生活。

二十　浙江古建筑调查记略

1960年2月，我应浙江省文物管理委员会之邀，作了第二次古建筑调查。同行的有该会朱家济委员及路秉杰等同志协同测绘，使我们很顺利地完成了调查工作。我们这次出发，经海宁、海盐、杭州、金华、东阳、义乌及临安等县市。除1954年作全省初步勘察时所见，已经报道外（浙江文管会油印本，1954年8月；黄涌泉同志《浙江省的纪念性建筑调查概况》，刊于《文物》1956年4期），再就这次所见古建筑择其有价值的介绍于下，并提出个人一些初步的看法，尚希读者予以指正。

经幢　浙江经幢。从目前调查所知，杭州龙兴寺唐开成二年（837）幢为最早。以形制而论，以余姚慈城普济寺唐开成四年（839）

幢身为最大，书法亦精，奚虚己所书。就高度而言，当推杭州梵天寺宋乾德三年（965）幢与临安海会寺吴越宝大元年（924）幢最高；梵天寺幢高15.67米，海会寺幢高12.10米。按梵天寺为吴越巨刹，后梁贞明二年（916）冬钱镠曾建浮屠于此，以藏释迦舍利塔，凡九层八面，高370尺。至宋乾德二年（964）夏又重建城南宝塔，铸武肃王、文穆王、忠懿王铜容供于寺（见《吴越备史》）。盖后周显德五年（958）四月，城南失火，火延于内城，贞明二年所建之塔，可能毁于这场火中。宋端拱二年（989）在汴梁开宝西北隅造浮屠十一级，迎取杭州释迦舍利塔，上下360尺，前后逾八年。此二塔前者浙匠喻皓只是参加工作，而后者则出喻皓之手，皆为木制（见《通鉴长篇》及况周颐《眉庐丛话》等书）。而今日硕果仅存的山西应县木塔（高66米，约合宋代浙尺240尺，建于辽清宁二年，即1056年），殆必受开宝寺塔的影响，它们的形制和发展关系，自有脉络可寻。（按辽清宁间即宋仁宗时，欧阳修《归田录》所指喻皓为国朝以来木工一人而已，则浙派建筑风行可知了。）梵天寺塔既高370尺，其寺前经幢必与塔层相称，因此该幢相当高的尺度，是有其理由的。幢中体形之美，当推海宁盐官安国寺唐咸通六年（865）经幢。然点缀风景，则杭州虎跑定慧寺后晋重立之幢取胜了。

杭州龙兴寺经幢

梵天寺经幢　　临安海会寺经幢

虎跑定慧寺经幢

浙江经幢有其特点，过去关于经幢的论著中皆未有涉及，在此归纳为以下数点：

（一）在全国范围内现存经幢数目之多，浙江为各省之冠。（见本书第125页所附浙江现存经幢表。）

（二）华盖或座上多浮雕云纹，从下望之朵朵云片，宛转流走，制作精细。有些甚至边缘线脚亦作曲折云形，湖州天宁寺唐会昌三年（843）幢、盐官安国寺唐会昌二年（842）与会昌四年（844）二幢、临安海会寺吴越宝大元年（924）双幢、杭州梵天寺宋乾德三年（965）双幢等，皆可见到这种做法。

（三）幢大都用腰檐以斗栱承托，从盐官安国寺唐咸通六年（865）幢始，下及杭州下天竺法镜寺后唐清泰二年（935）经幢，梵天寺宋乾德三年（965）双幢，灵隐寺宋开宝二年（969）双幢等，其檐下皆用华栱出跳。这种石构仿木构的做法，从安国寺唐咸通幢始，已下开杭州五代时建的闸口白塔与灵隐双塔以及其后经幢腰檐做法的先声，直到清康熙五十二年（1713）杭州香积寺双塔犹存此风，它们都是一脉相承的。至于安国寺唐咸通经幢之用斗栱承托（仅用腰檐，湖州天宁寺唐会昌三年幢开始），以今日调查所知，当以此幢为最早实例，略后为河南郑州开元寺后唐天成五年（930）幢。其补间铺作，复应用鸳鸯交手栱，这种做法在已知唐代建筑中有确切纪年的，以此为最早（四川崖墓上亦有石刻鸳鸯交手栱做法，时间与此相仿佛，唯无明确纪年，辜其一先生见告），是一件重要的建筑史实物资料。据此，辽宋木构建筑及《营造法式》所示的，可以上溯其源流了。

（四）杭州梵天寺双幢，其腰檐尚余角兽一枚。以今日所知五代以及角兽遗物，仅南京栖霞山五代舍利塔尚有残存；此则为今日新发现，而腰檐上瓦当滴水等做法皆符合所见宋代木结构建筑者，不失为恢复宋构建筑时的宝贵参考资料。

塔 临安功臣塔。后梁贞明元年（915）钱镠所建（据《吴越备史》及海会寺经幢题记），在其故乡临安城外的功臣山，正面对城内钱镠之墓，平面为四方形，高五层，无塔心柱。按浙江五代砖塔，今日所知除此塔外皆为多边形，至北宋后方塔之制若隐若现，即以浙江而论，其中如诸暨北宋元祐七年（1092）塔、嘉兴宋壕股塔等都是方形，直至明清尚存其遗制。此塔平面砖身轮廓基本保持唐代外形，檐部略用叠涩砖，但每边用槏柱划分为三间，上施阑额及补间铺作，平座下亦用斗栱，尚有木构腰檐，这些斗栱都用华栱出跳。内部为方室，每层亦施斗栱。其四出通道，道上用叠涩砖砌成藻井，都与其后的五代两宋塔相似。塔身纯石灰浆灌砌，经化验不掺杂物，洁白坚

嘉兴壕股塔

诸暨北宋元祐七年塔（又名东化成寺塔）

临安功臣塔

/陈从周/说塔/

临安功臣塔

功臣塔远景

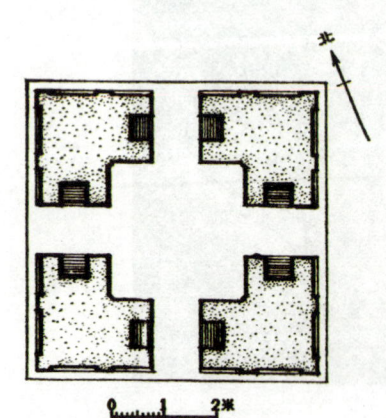

功臣塔平面图

/陈从周/说塔/

硬，强度甚大，是现存砖塔用石灰浆灌砌的早例。此塔为现存吴越塔最早的一座，亦是砖塔仿木式样较早的实例。

普庆寺塔。在临安径山之阳。石制，平面六边形，七层，外观略具卷杀，轮廓秀挺。其底部基座甚高，作须弥座形式。塔各面刻佛龛，腰檐之瓦饰均仿木结构做法。顶亦刻出相轮其重。塔上有题字"大元至治三年（1323）四明吴福元刻"，从塔的形制细部及石刻手法来看，不失为浙江元代石构艺术中的好作品。

普庆寺塔塔顶

嵩岙寺塔

绍兴钱清环秀塔。六面七层，砖塔木檐，无塔心柱，建于宋代。

海盐天宁寺塔。建于元后至元三年（1337），系平面八边形的砖塔，高七级，梯置于砖壁内，内部第二层木制斗栱有隐出上昂，虽然是清代重修，还保存了明以前的老做法。塔前千佛阁的须弥座石刻甚精，有龙兽、桅花等，据石刻题记系明崇祯元年（1628）所刻。正殿前鼎座石高 0.8 米，宽 1.04 米，所刻石兽生动遒劲，似系元代遗物。

钱清环秀塔

海盐天宁寺塔

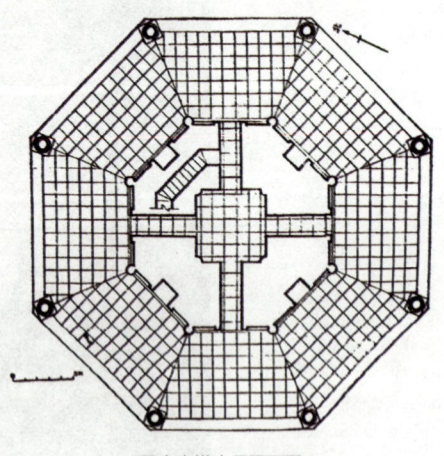

天宁寺塔底层平面图

绍兴大善寺塔。在城内，六面七层，塔高38.5米（刹已毁），系砖塔木檐，每面用"橑柱"划分三间，中列壶门，三虚三实，逐层轮转，斗栱平座四铺作，腰檐无铺作。志书谓建于宋真宗景德元年（1004），实是理宗绍定元年（1288）重建，有定烧"绍定戊子"砖及"荣王夫人造"等砖可证。

海宁盐官占鳌塔。在海塘边，为观浙江潮的风景点，系平面六边形砖塔，建于明万历四十年（1612）。清乾隆四十一年（1776）及道光十九年（1839）重修。浙江多边形砖塔，以我过去调查所知，浙西皆为八角形，浙东都属六角形，此塔平面作六边形，在浙西尚属少见。

大善寺塔塔顶

绍兴大善寺塔

/ 陈从周 / 说塔 /

大善寺塔虚实壶门

海宁盐官占鳌塔

盐官海神庙

占鳌塔远景

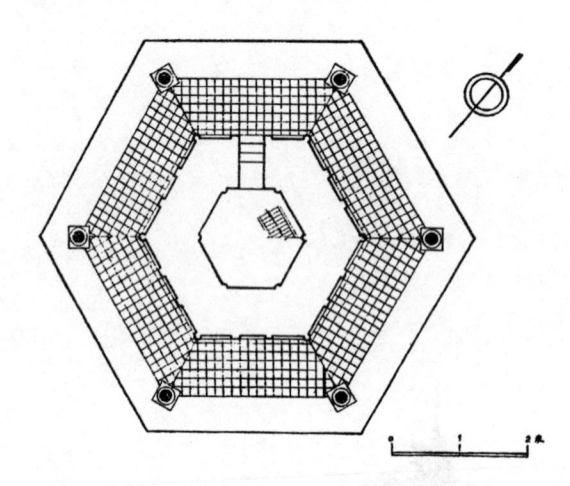

盐官占鳌塔底层平面图

黄岩城内庆善寺塔。为六面五层木檐砖塔，高约 24.5 米，宋绍兴二十一年（1151）建。

闸口白塔。在杭州闸口白塔岭。《梦梁录》及《湖山便览》皆有记载，城南白塔旧说有三处，而界说不清，据讼纷纭，更不详建造年代。这塔从形制来看，为五代末期的作品可能性最大，与灵隐寺北宋建隆元年（960）双石塔形制相仿。其四周遍刻经文，唯字剥蚀难辨，如能细检，或可发现纪年线索。这塔是石塔仿木塔形制的最忠实和具体的一例。塔的全部为石结构，平面八边形，九层，上冠铁刹，轮廓挺秀，与保俶塔一样具有轻快的外貌，表示了同一时期作品的特征。

栌斗宽 4.5 厘米，柱高 5.5 厘米，材高 4.3 厘米，契高 0.9 厘米。第一层面宽 84 厘米，柱高 59 厘米，出檐 41 厘米，斗栱总高 18 厘米，出檐约为柱的四分之三。倚柱为梭形，比例匀称，是这个时期及地区的特有风格。平闇瓦当滴水皆与木结构相同。从以上的一些特征可以证明，这塔应建于五代，但应迟于临安功臣塔；从反映木结构的各部分形式来看，它与河北蓟县独乐寺辽统和二年（984）所建造的观音阁最相近，则似应在五代后期了。

摘自《浙江古建筑调查计略》，1960 年 5 月写成

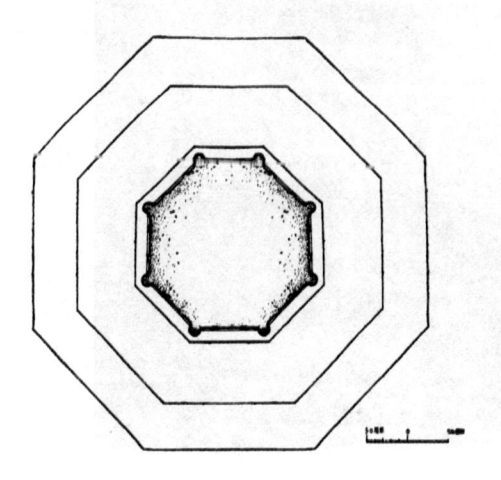

杭州闸口白塔平面实测图

闸口白塔塔层

灵隐寺双石塔

闸口白塔

修缮中的黄岩城内庆善寺塔

附：浙江现存经幢表

龙兴寺经幢	杭州	唐	开成二年（837）
普济寺经幢	余姚慈城	唐	开成四年（839）
戒珠寺经幢	绍兴	唐	会昌元年（841）
安国寺经幢	海宁盐官	唐	会昌二年（842）
天宁寺经幢	湖州	唐	会昌三年（843）
安国寺经幢	海宁盐官	唐	会昌四年（844）
天宁寺经幢	湖州	唐	大中元年（847）
天宁寺经幢	湖州	唐	大中二年（848）
祇园寺经幢	湖州	唐	大中五年（851）
中山公园经幢	宁波	唐	大中八年（854）
祇园寺经幢	湖州	唐	大中十一年（857）
法隆寺经幢	金华	唐	大中十一年（857）
安隐寺经幢	临平	唐	大中十四年（860）即咸通元年
觉苑寺经幢	萧山	唐	咸通二年（861）
安国寺经幢	海宁盐官	唐	咸通六年（865）
永宁寺经幢	德清	唐	咸通十年（869）
惠力寺双幢	海宁硖石	唐	咸通十五年（874）即乾符元年
浙江博物馆经幢	杭州	唐	中和四年（884）（从湖州移来）
天宁寺四残幢	湖州	唐	幢身一整三残
海会寺双幢	临安	吴越	宝大元年（924）（东幢已倒）
下天竺法镜寺双幢	杭州	后唐	清泰二年（935）
虎跑定慧寺经幢	杭州	后晋	天福八年重立（943）（部分为唐咸通十二年旧物）
虎跑定慧寺经幢	杭州	后汉	乾祐二年（949）
护国寺经幢	永嘉	五代	（年份不详）
梵天寺双幢	杭州	宋	乾德三年（965）
灵隐寺双幢	杭州	宋	开宝二年（969）
万佛塔下出土经幢	金华	宋	嘉祐七年（1062）
雪宝寺经幢	奉化	元	至正二十一年（1361）
城隍庙附近经幢	宁波	明	正德五年（1510）

二十一　杭州雷峰塔

西湖雷峰塔在湖之南南屏山，旧有郡人雷氏筑庵居之，因名。五代时吴越王钱俶二十四年为黄妃所建，又称黄妃塔，俶自为碑记："诸宫监尊礼佛螺结发，犹佛生存，不敢私秘宫禁中，恭创窣睹波于西湖之浒，以奉安之，始以千尺十三层为率，爰以事力未充，姑从七级，镌华严诸经围绕八面，塔曰黄妃。"《湖山便览》："俗传西湖有白蛇青鱼两妖，镇压塔下，此为传奇之妄言，塔旧有重檐飞栋，窗户洞达，后毁于火，惟孤标岿然独存。"为八角七层之楼阁式木檐砖塔，焚后塔呈黄赤色。因乡人迷信，云携归塔砖可育蚕，日久遂圮，时1924年9月25日（农历八月二十七日）未刻（下午1时40分许）。距建塔

953年。是时适军阀孙传芳占浙专车抵杭州城站。故浙人以此为话柄。予年七岁（1918年11月27日生），其时先父尚在患血吸虫病鼓腹，次年农历四月十八日去世，年55岁（1872年生）。设于今日瘟神已送，此病已非不治之症，鲁迅《论雷峰塔的倒掉》写于1924年10月28日，见《鲁迅全集补遗续篇·上》。

俞丈平伯云："黄妃之称殆不足据，予见同陈（乃乾）君。在此略加补说耳。黄妃之名殆以黄皮相涉而误。其实本名当作王妃也。""雷峰非塔本名，黄妃复多讹疑，然此两名却为人所习知。至西关砖塔实为其最初名号，乃向不见记载，若非塔妃，吾辈安得知之哉。"盖据塔藏宝笈印经卷首署西关砖塔也。陈氏有《黄妃辨》一文。俞氏据明张岱《西湖梦寻》卷四曰："元末失火，仅存塔心，雷峰夕照遂为西湖十景之一。"语塔毁当在元明之际矣。俞说见其著《雷峰塔考略》。平伯又云："明郎瑛《七修类稿》曰：'吴越西关门在雷峰塔下。'是则当时建塔，实傍城关，而面临湖水。"见同篇。

二十二　谈西湖雷峰塔的重建

　　西湖雷峰塔倒塌已 56 年了，新中国也进入了三十而立的时代，我们建筑界也呼吁了多少次，想将它重建起来，恢复一个西湖风景点，可是何姗姗其来迟，因为过去就事论事，重建的理由不够充分。前年我发表了"雷峰塔塌后，南山之景全虚"（1979 年《同济大学学报》建筑版《续说园》）的这个论点后，似乎开始打动了主其事者的心，因为如今北山一带游人太多，南山有一风景点，起了"引景"作用，自然游人也随之而分散了，对西湖游客集散上是有好处，也够说得上"古为今用"吧！

　　雷峰塔是 1924 年 9 月 25 日（农历八月二十七日）下午 1 时 40 分

许倒的。正值军阀孙传芳占浙，专车到城站之时。那时我7岁，秋深庭院，御夹衣，忽闻轰然一声，亦不知何事。父亲正患重病，这天下午得知塔倒的消息，他为我们说了有关塔及孙传芳的一些琐碎之事。次年便与塔一样辞世了。塔倒之时，俞平伯、许宝驯夫妇寓孤山俞楼，宝驯老人当年还正年少，凭栏远眺，亲见塔倒下来，她说，前数天塔上宿鸟惊飞，待轰然一声后，见黑烟升起，于是杭人群拥塔下捡砖觅宝。86岁老人，至今尚与我娓娓谈及此事。鲁迅在10月28日写了一篇《论雷峰塔的倒掉》，距塔之毁才一月时间，这是大家比较熟悉的。

　　西湖雷峰塔，在西湖之南屏山，旧有郡人雷氏筑庵居之，因名。五代末（宋初）吴越王钱俶建，钱自为记，称黄妃塔。俞平伯先生谓："雷峰非塔本名，黄妃复多讹疑（俞氏谓应称王妃塔），然此名却为人所素知。至西关砖塔实为其最初名号，乃向不见记载，若非塔圮，吾辈安得知哉。"这是根据塔藏宝笈印经卷首署"西关砖塔"字而言，因此又称西关塔。明郎瑛《七修类稿》"吴越西关门在雷峰塔下"，更可证。雷峰塔的本来形式，是一座砖身木檐的楼阁式塔，这是江南宋塔的习见形式，其与附近的六和塔，本来形式一样，后来外檐坏掉了，清代的和尚在外加了木衣，遂成今状。从前梁思成教授曾做过六和塔的复原图，亦是楼阁式的。我对雷峰塔与梁先生复原六和塔抱同

六和塔，实测高度为 59.89 米

梁思成先生手绘《杭州六和塔复原图》

《西湖图卷》，南宋，李嵩，纸本墨笔，手卷，纵 27 厘米，横 80.7 厘米，上海博物馆藏

/ 陈从周 / 说塔 /

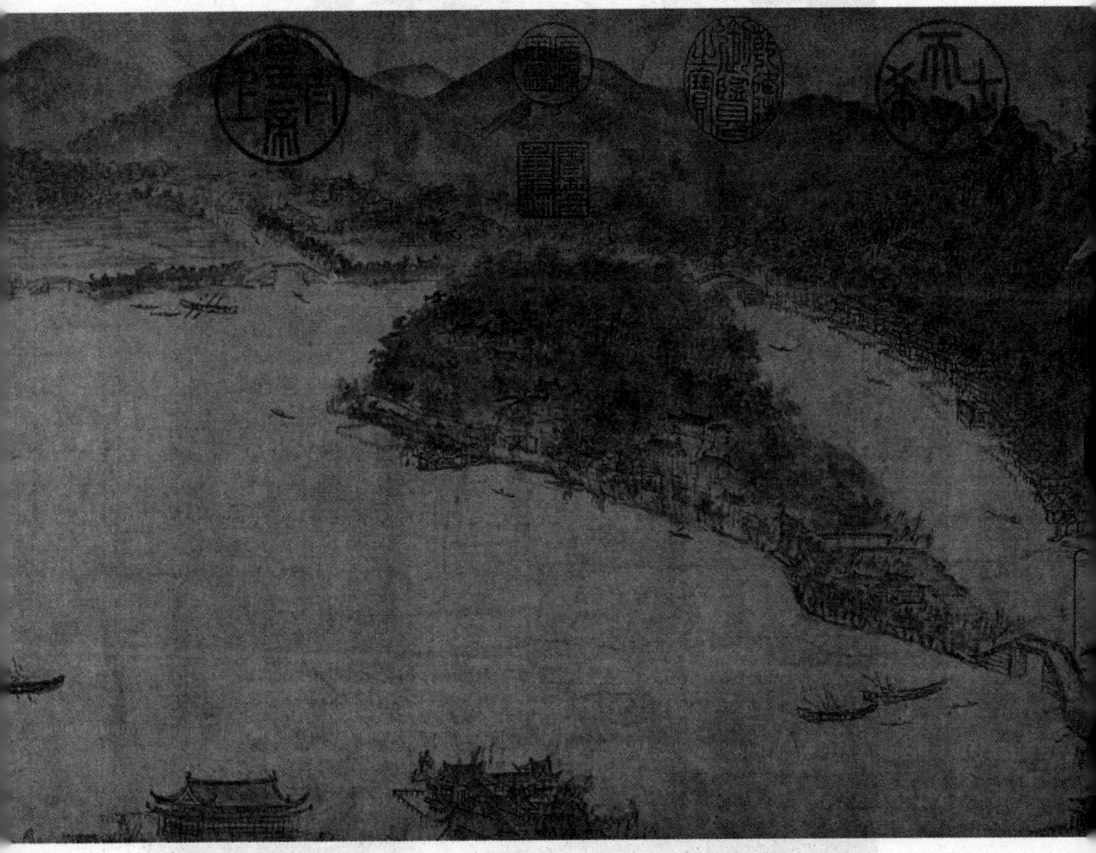

虎丘塔

/ 陈从周 / 说塔 /

样的见解（六和塔现在非彻底重修，则保持今状），造一座阁楼式的木檐砖塔，即使改用新材料，亦必须仿最初原样。

上海博物馆藏南宋李嵩绘《西湖图》卷，明确画出雷峰塔的原貌，同我们今日所建议的楼阁式塔没有两样。《湖山便览》说："塔旧有重檐正栋，窗户阔达，后毁于火，惟孤标岿然独存。"明张岱《西湖梦寻》："元末失火，仅存塔心，'雷峰夕照'遂为西湖十景之一。"都说明了后来的那个黄赤色的雷峰塔，是火烧后的残存者，是个破古董。因为乡人迷信，说携归塔砖对养育丝蚕可以旺盛，日久基空，终于全毁。

5月间我到西湖，浙江建委及杭州文化、园林两局都与我谈及重建雷峰塔事。我在园林管理局亦看到了一个破破烂烂的雷峰塔模型，有人要造这样的残破雷峰塔，说是这是"老样子"。我亦"十分同情"这种看法，假如说雷峰塔未塌，整旧如旧，我是赞成维持现状，这是符合文物政策的。但问题现在已经荡然无存。我们建议有两重意义，第一恢复名胜；第二开辟旅游点，并不是保存古迹，因为古迹一点也不存在了。雷峰塔本来是一个五代塔，不然，何必重建呢？重建，就要依其原貌，这似乎并不会令人费解，万一来了个以新作旧、似破非破的一个火红大水泥柱或砼柱，不但设计无法，且真啼笑皆非，我看除非请做假古董的先生来代劳,我们搞古建筑的同行,恐无人能担当此盛事,为后人所非议。苏州虎丘的塔顶,就是想做假古董,那个白白的水泥顶,加上几张如张乐平先生笔下"三毛"头发似的碎瓦,那才是"今古奇观"矣。何以名之?曰"泥古",泥古就是不化。我希望在处理这中外闻名的"雷峰夕照"一景时,对这塔的重建要慎重考虑研究啊!我想"还我真相"大约是理所应当的吧!

1980 年 6 月

二十三　俞平伯所见雷峰塔倒塌的情形

关于西湖雷峰塔之塌，余前有记述，兹阅俞平伯《记西湖雷峰塔发见的塔砖与藏经》一文，摘录于后。其时俞寓孤山俞楼。

雷峰塔吴越时建，为湖上名迹，由来已久。今年九月二十五日（从案：农历八月廿七日），于下午一时四十分许骤然全圮。据云是日正午，塔顶已倾其一小部分，栖鸟悉飞散。当其崩圮时，我们从湖楼遥望，唯见黄埃直上，曾不片时而塔已颓然。因适逆风，故音响不甚大。塔毁之顷，我正觅僧着棋，千年盛会乃失之交臂，而家人则颇有见之者。记其大概如此。

以战事之故（从案：为军阀孙传芳入浙，江浙战争），湖上裙屐久已寥若晨星。是日下午则新市场停泊的划船悉数开往南屏方面去，俨然有万人空巷之观。我到时，已四时许，从樵径登山，纵目徘徊，唯见亿砖层累作峨峨黄垄而已。游人杂沓，填溢于废基之上，负砖归者甚多。砖甚大，有字者一时不易觅，我只手取一无字残品，横贯有孔者归，备作砚用，他无所得。而家人从大路（在净慈寺前）登山者，则已见及村姑髻鬟充以经卷，字迹端正，惟丛残不堪矣，此为初见塔砖与经之因缘。……"王官"一砖而论，则长约一尺七分，广约五寸，厚约一寸七分。（均以江南通用之裁尺计算，下言尺度准此。）……（一）有孔无字的——砖长方形，孔圆形在砖纵端之中央，直径八分，深可三寸，一头露在砖缘，一头入砖腹，并不横贯。……经度砖腹，通外之一端以黄泥封护。……（二）有字无孔的……字大都在砖之纵端，不甚精致。……字多系凸文。……（曾有一砖，有较粗而巨，凹下的字迹在砖之横置平面上，而不可释读。纵端无字亦无孔，是为异品。）我所见的砖文略举数种为例：

（A）一字　大　千

（B）两字　官丑（或释作官五）　王官　西关

（C）三字　吕君甲（君作𠂇，姑释为君字）

倒塌前的雷峰塔

文曰：天下兵马大元帅吴越国王钱俶造此经八万四千卷舍入西关砖塔永充供养乙亥八月日记

138/139

（D）四字　吴王吴妃　吴子吴妃　吴甲俞荣（有吴甲某某之文者甚多）

……

最明显的例外，如：

（甲）具两姓名的（吴甲俞荣）

（乙）具地名的（西关）

（丙）具怪诡字迹的（韮）（剉共）

……出土之全经，粗如拇指，长约二寸。外有半腐朽之黄绢套，两头作结，而首端之结尤巨而结实。腰系以蓝色扁绶。眉端署"宝箧印经"四字。经卷如小横披。开首有一细竹条。卷心之轴亦以竹制，粗如小椒粒，长二寸强，两端涂丹。……经高约二寸，长六尺强。凡四节，节均黏住。纸本黄色，故色以浅黄为最上，泛白与微绛者次之，或黑斑，绿斑，水渍者最下。有竹纸、绵纸两种。因当时一板有八万四千，故板式印刷均有参差，很有优劣，虽大致相仿。……全经纸分四节，节粘住。分节之处及行数总计如下列：

（一）天下兵马大元帅——右绕三匝脱身……凡五十六行（内附一图）

（二）上衣用覆其上——非如来全身而可毁……凡七十三行

（三）坏岂有如来——佛告金刚手以此宝……凡七十三行

（四）箧陀罗尼威神力——宝箧印陀罗尼经……凡七十二行平均计算约十字一行。总共二百七十四行。起首三行系题署，首行十三字，二行十二字，三行十二字，文如下："天下兵马大元帅吴越国王钱俶造此经八万四千卷舍入西关砖塔永充供养乙亥八月日纪。"……计算是经入塔至今塔圮（975~1924），为九百五十年，同在夏正八月。……除塔砖与塔经以外，还有一种塔图，亦庋在砖窦中。长与经等，粗仅当其四分之一，上蒙以红绢套，无封题字。全图系纵看，与经须横看者不同。起首为一图案画，中有一鹤。下为四塔图。每塔之形制均同，惟中所绘花纹像设不同。故说者释为金涂塔之图。金涂塔本有四面，形制亦正类此，殊无甚可疑。此图虽绘四塔，实则非四，乃是一塔之四面观耳，聚四为一，遂告圆满。其塔中花纹，四面不同，滋恢诡可喜。传记载金涂塔铸饿鬼乞食之相，今观此塔图良符，更可定为金涂塔图也。

其尤可宝爱者，则图尽处有题跋，正与经题在首端者相反。字亦须纵看，同塔图，共七行。"……时丙子……口弟子王承益……"丙子为乙亥之次年……经以四节纸粘为一卷，塔图则仅有其一节，故体量恰为经之四分之一。塔图亦以特制之有孔砖贮之，则在乙亥年，塔工之未圆满可知，至快亦在丙子下半年工竣。吴越亡于太平兴国三年，则距塔之成日仅两年耳。

保俶塔

二十四　杭州保俶塔

杭州保俶塔于 20 世纪 30 年代重建，该塔原为砖塔木檐。木檐早毁，当时所见仅秀挺砖身而已，比例之匀整，实宋塔之佳构也。其时国民党市长（时任中华民国政府杭州市市长。——编者注）为赵志游，赵留法习建筑，娶法籍妻。（其时国立杭州艺专校长林风眠，亦娶法籍妻。林于玉泉山门建一西式近代建筑为居所及画室。）保俶塔为其主持重建，叶遐庵先生恭绰亦参与其事，其塔刹拆卸情况曾见《中国营造学社汇刊》。

摘自《杭州保俶塔、西湖博览会及湖滨铜像》

保俶塔远景

二十五　硖石惠力寺的唐咸通经幢

今年一月,我们趁假日旅行,实测了浙江海宁县(今海宁市)硖石(又名硖川)镇的惠力寺唐咸通二经幢。

海宁有唐石幢五座,都刻有尊胜陀罗尼经。在城中安国寺有三座:一是建于唐会昌四年(844);一是建于唐咸通六年(865);另外一座无年月,据陈仲鱼(鳣)的考证,可能建于唐会昌三年(843)。在硖石惠力寺有两座,都是建于唐咸通十五年(874)。城内的三座,这次因时间所限未能前去调查。

惠力寺经幢,在寺的山门两旁,东西各一,面对紫薇桥。惠力寺原来范围很大,据《硖川续志》说:有钟楼、鼓楼、山门、石经幢、

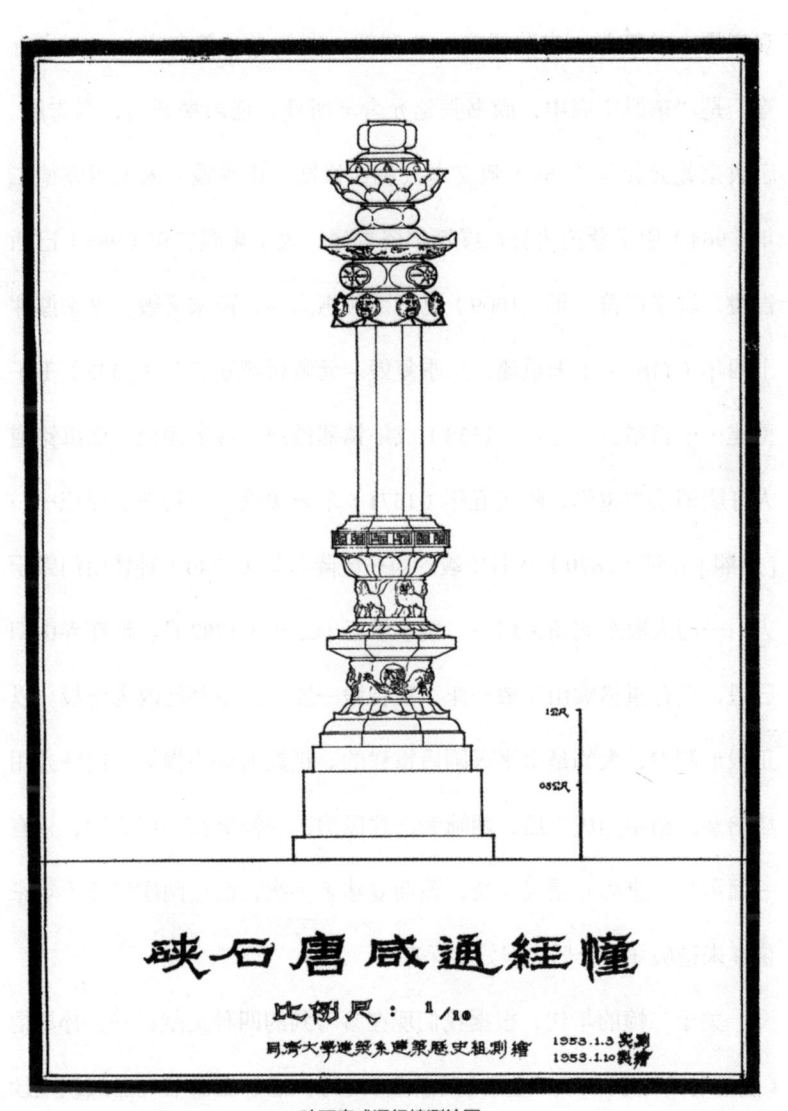

硖石唐咸通经幢测绘图
（同济建筑系建筑历史组测绘。1953.1.3 实测，1953.1.10 制绘）

观音殿、总管堂、韦驮禅堂、舍利阁、罗汉堂、善宦寺、白刺史寺等，是"东晋宁康中，尚书张延光舍宅所建，僧云摠开山，名志愿。唐肃宗乾元元年（758）敕支本县税钱修饰，唐季毁。宋太祖乾德二年（964）甲子营田将吴仁绶等捐资复建，太宗雍熙二年（985）巳酉告竣，真宗祥符二年（1009）己酉赐额惠力寺，南宋又毁。孝宗淳熙十四年（1187）丁未重建，宋季复毁。元顺帝至正二年（1342）壬午重建……嘉靖三十七年（1558）戊午镇罹倭患，寺宇倾圮，僧惠铭道人许明朗协力重修，隆庆五年（1571）辛未竣役。国初殿复倾圮……[康熙]九年（1670）八月始竣。……乾隆八年（1743）钟楼山门毁于火……而大殿东北角又圮……竣事于五十二年（1787）"。现在寺山门已毁，仅存重檐歇山正殿一座，观音殿一座，其余都已改为学校。以正殿形制看，大约是太平天国后重建的。正殿前辟为操场，门址亦用墙堵塞。新中国成立后，两幢旁已建民房，经幢夹在房屋之间，只有一面可见。惠力寺屡经兵燹，毁而复建者多次，而这两座经幢千年来侥幸未遭破坏，今后应很好地保存。

关于二幢的年代，根据我们现在参考到的四种文献：一、孙星衍《寰宇访碑录》；二、阮元《两浙金石志》；三、王德浩《嘉庆硖川续志》；四、陈鱣志愿寺二幢的记载；都说建于唐咸通十五年（874）。

现在碑上经文及记年题名。一部分已剥泐，一部分在建民屋时为匠人涂垩，已无法找到，仅拓得经文数字而已。

二幢的大小形制相同，分列在山门的左右，中心距离为13.3公尺。整个幢自地面到顶计高4.98公尺。上下分十四段，安置在四边形的方台上，最下为八边形的须弥座式基座，第一层束腰部分雕蟠龙，刀法简劲有力，极为生动。第二层束腰部分有狮子四个承托仰莲。它上面的莲瓣，在北方的许多幢多是二层或三层，这个幢只有一层，但是形制仍极清秀婉丽，上部勾栏所镌华文，也简洁可爱。幢身为八棱石柱，遍刻《尊胜陀罗尼经》。上部的宝盖式装饰，每遇转角，皆饰以兽面，口衔璎珞带。上有圆石一，四面刻略似海棠形图案。再上有八棱顶，顶下可有飞仙，飘然欲举，线条极美。在开封开元寺晚唐中和五年（885）造、后唐天成五年（930）重建的一座幢，它上面的飞仙就比这个幢上的要繁缛些。幢顶结构，按照国内其他的一些例子，应有珠宝，而这二幢已无，大约因年久残缺，所以现存的形状，共顶系圆形石，下面置有一石，八面都刻有座像，下面安放仰莲。以整个幢来看，形制似与塔略近。关于这两个幢和国内其他幢的比较，刘敦桢教授曾有论述："初唐盛唐间，义净访印与金刚不空东来后，密宗始盛行中土，于是经幢随之而兴。现存最古之幢，为唐天宝四年（745）

王袭埏及妻严十五所建四川阆中铁塔寺之铁幢。下部仅饰仰莲一周，即立八棱幢身、铸陀罗尼经文，上部以叠涩与枭混曲线，向外挑出，再向内收进，冠以宝珠，其形制简洁雄健，得未曾有。而铭文谓'敬造此塔，供奉万代'，知当时幢亦称塔。铁塔寺之名，由此而生。其次为河南滑县旧城隍庙庋藏之唐太和六年（832）经幢，形状大体相类。迨大中以后，下施须弥座，上加华盖，幢之形体，乃渐趋华丽。而惠力寺二幢建于咸通间，视大中诸作，又更进一步。五代以降，华盖增至数层，并刻城郭与释迦游四门睹生老病死事迹。至北宋经幢规模，愈趋愈大，而以景佑五年（1038）所建河北赵县经幢为唯一巨作。河北行唐县封崇寺经幢次之。再次为山西应县净土寺经幢，及昆明地藏庵大理国袁豆光所建之幢，而后者以佛像为主，经文为辅，虽所镌皆大日如来佛，未出密宗轨范，究非一般所有。元代以后，此制渐成尾声，但四川新都县（今新都区）宝光寺有明永乐十年（1412）所建经幢一基，形状反与唐幢接近，殆可推为后劲。以上诸例，未被《支那佛教史迹》与其他中外著作所著录。"这一段话，使我们对经幢的历史有了更清新的认识。

在我们测毕二经幢后，又发现紫薇桥的栏板雕刻甚古朴有致，但桥已是清式环洞，石望柱轴换新的甚多。据《硖川续志》卷五云：

《通志》……元大德七年（1303）建紫薇山前寺桥也，雍正八年里人修，嘉庆元年释乘车改建环桥。"与同志卷三惠力寺山门条："《硖川图志》面临市河元大德七年重建……乾隆八年火毁……又于山门外重建环桥。"又复相符，这旧栏板大约是元大德间的遗物。

这次调查，同行的戴复东、李正之两位出力甚多，并承蒋仲青、谷裕两先生招待和借用硖石仅存的一部《硖川续志》，使我们解决了许多问题；镇公所方面的热心协助，也都是使我们工作能得到收获的重要原因。

这两个经幢经过这次的调查实测后，已引起当地群众的注意，而地方有关机构对这千年前遗留下来的古代文物也开始重视与保护。

载《文物》1953年，同济大学建筑系建筑历史教研组调查

陈从周执笔

二十六　宣城勘察记

1974年8月应安徽宣城革委[会]及中央文物局之邀，赴宣城勘察敬山亭广教寺双塔。2日与喻君维谷发上海，经南京，车行外城绕紫金山达中华门车站，周览明城外部，诚壮观也。车行雨花台下，此士能师埋骨地也，遥望苍苍松柏，为之黯然。回思曩岁同车访古之乐，宛如目前，今则人天永隔矣。晚寓芜湖饭店，次日晨访公园六棱七层砖塔，匆匆上车。12时抵宣城。宣城为皖南重镇，为兵家必争之地。故古建所存无多。而文风殊甚，梅氏为大族，如宋诗人梅尧臣（圣俞）、明画家梅清（瞿山）、清数学家梅文鼎（定九）等世所共知。《宛雅》所载，尤多梅氏之作也。4日观城内多宝塔，六边七层砖制，其最著之特征乃每边微内凹而非直线，故外观稍具变化。据清嘉庆《宁国府志》：

> 景德寺在府治北陵第一峰……寺始晋时名永安，唐初名大云，开元中改额开元。有水阁东向……刺史裴休延黄药禅师开堂演法。宋景德中更今名。殿后有铁佛一座，北面右有浮屠多宝塔……嘉靖乙丑知府罗汝芳等募修塔，万历乙丑……汤宾尹修塔。（卷十四《营建志·寺观》）证以塔之形制，其为明构无疑。

唯顶层于20世纪30年代重修，已失旧状。清光绪《重修宣城县志》所记据前志。登城内鳖峰，所谓峰者，是高地耳，上平坦，旧时文庙、府署等皆建于此，凭陵全城，足资远眺，而多宝塔高耸遥接，其后远山层峦历历如画，城中点缀此塔，为景物生色不少。大凡山城水乡皆建有塔，盖为一地标识，便利易认方向也。其与入城前大桥几为江南旧城二重要特征。文庙遗址尚存三空石桥卧泮池之上，用并列券，小有参错，与池之驳岸皆砌法工整，明构也。旁有一石礩与其下垫之石板连为整体，与水阳所见覆盘与石板相连，其法一也，为它处所未见，殆山区石料丰富之故。5日偕县革委会领导等乘车同去敬亭山，广教寺（院）踞山麓，清嘉庆《宁国府志》卷十四《营建志·寺观》：

> 广教寺在城北五里敬亭山南，唐大中己巳刺史裴休建寺，前有千佛阁、慈氏宝阁，相传其材皆萝松，黄药禅师募自安南，寺后有二金鸡相斗入坎，出水，因名金鸡井，材从井出，建刹千间，工竣，余萝松八株，植殿前，敷荣如故。别有柏二株，主持僧有禅行异者即开花数色。元初御讲僧日讲主座下数百人，法堂曰雨华、方丈白宝华、曰笑峰、曰圆照，轩曰松月，曰雪堂，亭曰怀李，山门外有桥亭曰碧莲梵花亭，左右有池曰连珠，多长松灌木，有律海、迟贤、江东福地诸亭。宋太宗赐御书二十卷，僧惟真建阁贮藏。郝允里建观音殿，并梅尧臣记，元末尽毁。明洪武初僧创庵故址，辛未立为丛林，详詹应凤《广教志略》。古寺虽墟，两浮屠犹峙于山门前，土人亦名双塔寺，今大殿又废，存石佛殿二进且就圮。（《乾隆志》）

光绪《重修宣城县志》所载据上志，惟多"松萝木，明洪武邑志且数见，后人沿写萝松，误。又案双塔苏公真迹石刻，另见古迹内"等语。双塔四角七层半木檐楼阁式砖制，予鉴定为北宋绍圣三年

（1096）建。而东坡书观自在菩萨如意陀罗尼经东塔二层一石，其拓本三十余年前予曾得清金石家张廷济（叔未）鉴定加跋一宋拓，相见之下惊喜交迫，不意于此得见原石。至于志书所载井中运木一事，与杭州净慈寺运木古井同出一辙，实当时僧人迷信敛财一法也。偶于殿址后得重唇滴水二，皆作波纹，微有差异，断为宋时物，交文化馆保存。次日访城隅龙首塔，七层六棱，砖造，形制殊陋。清乾隆《宁国府志》谓正学书院左绿荫书院建梅守德有记，殆系所谓文峰塔耶？其建造年代似为清初。7日晨乘车去水阳，旧名金宝圩，固宣城产米区也。一望水田弥漫，宋辛稼轩词云："稻花香里说丰年，听取蛙声一片。"正最好描绘。天热如蒸，睹此美景，几忘疲惫。回想前二岁于校下田之景，则又兴奋不已。龙溪塔滨水阳江畔，与三层紫藤阁隔岸相对，形成极好风景。塔七层六角砖构，叠涩出跳上施短木檐。相传建于吴赤乌间，实则为明塔无疑。其刹冠风磨铜制宝顶，外呈绿色，朴茂可观。证以南京明构报恩寺塔，其顶亦为风磨铜，而兹塔已毁，今尚能于龙溪塔见到，亦快事也。午后4时抵县，计程往返140余里。8日阅志乘。次晨去山区溪口，陆程70里，车行坡道，达溪口殊凉爽，旋即持杖登山6里至朝天洞，烈阳迫人，喘息为难，俯视群山，峥嵘竞翠，盖皆泾县山区境也。闻其地茂林古建存者多，石坊林立四十余

广教寺双塔

座，秋间期往一观。下山复参观公社梯田，盖农业学大寨之实例。啜高山新茗，极甘香沁神。10日与县有关部门开双塔修缮座谈会。11日晨告别宣城，至芜湖转轮抵南京，寓下关旅邸。明晨登去扬州汽车，途因车祸，留六合4小时，午后3点到站。晚晤扬州城建局朱懋伟及耿刘同，刘同友人鉴庭子也。留扬州二日曾至平山堂观新建鉴真和尚纪念堂，忆1963年夏偕梁思成前辈同留该地一周，协拟纪念碑，同商纪念堂设计，垂爱之情，至今难以去怀，今先生墓木已拱，华屋初成，低徊堂下，唏嘘久之。院中绿化未就，管理处询予意见，建议植白皮松四株，周以树池。必要时更衬以大型盆栽，随时更换。隙地可甃砖或铺石，仿北京团城。15日回沪，濡笔记之。

二十七　宣城广教寺双塔鉴定

宣城广教寺双塔，余草拟鉴定书如后：

广教寺（院）双塔位于安徽宣城县（今宣城市）北敬亭山南麓，新筑铁路沿线，为今日宣城风景区所在。据清嘉庆《宁国府志》（宣城清代为宁国府治所在）：

> 广教寺在城北五里敬亭山南，唐大中己巳（宣宗三年，849）刺史裴休建佛殿。前有千佛阁、慈氏阁……宋太宗赐御书百二十卷，僧惟真建阁贮藏，郝允李建观音殿，并梅尧臣记。元末尽毁。明洪武初僧创庵故址。辛未（明太祖洪武二十四年，1391）

为丛林。……今古寺虽墟,两浮屠犹峙于山门前,土人亦名双塔寺,今大殿又废,存石佛殿二进且就圮。(《乾隆志》)

据此广教寺始建于唐代,至清乾隆间几已全毁,仅存双塔与石佛殿,如今石佛殿也早已无存。余等于大殿殿基后捡得宋瓦若干,而以重唇滴水二块形制精美,此种滴水今遗物甚少,可珍也。

双塔平面四方形,东塔略大于西塔(东塔每边 2.65 米,西塔每边 2.35 米)。七层。计残高 20 米余。四面辟门,在底层,东塔东面和西塔西面不设门。内部每层置木楼板。中空,无塔心柱及其他饰物。案今日已知宋代双塔宝物中,似此种尚沿唐塔四方形平面者,似仅此一例。

双塔外观挺秀,轮廓略具抛物线,饶宋塔应有之风貌。塔为砖塔半木檐,每层设腰檐平座。外观方木构形式,柱、枋、斗栱皆反映出宋代建筑之特征。各层原有半木制腰檐,今残甚,但尚存若干角梁及铺作出跳华栱等木制原材,为今日修缮中之重要依据。塔每面以间柱划分三间,中置圆栱门,转角圆形角柱有卷杀与侧脚。栏额上置补间铺作一朵,出华栱一跳,而二层于补间铺作二侧正中出二心柱,犹存唐制遗意。角柱上置转角铺作。各层檐部以叠涩砖及菱角牙子砖并辅以斗栱承托出檐，其上平座用叠涩砖砌成。塔之顶部今皆圮损。据清嘉庆《宁国府志》载《敬亭山图》所示，知当时已成今状。案：宋塔常例，此塔之顶应系四角攒尖，上有刹干及塔饰，其刹干应自六层开始，下置木过梁承托，今亦不存。由于塔顶早毁，故影响塔之安危甚巨。

　　此塔内部面积较小，各层之间似以简单之木扶梯上下，两塔之二层东西壁上，分别砌宋儒生苏轼（东坡）书《观自在菩萨如意陀罗尼经》刻石，石作横长方形，正书。东塔一石剥蚀较甚。西塔一石外缘增饰砖框。塔壁内置有木骨，灰缝为石灰和黄泥浆。塔身结构尚属完好，惟东塔顶部似有裂缝，其上部向西北微有倾侧。西塔之西北面，由于自然侵蚀，壁面剥落严重。

　　建造年代，从二塔之平面、外观、结构及细部手法而言，殆为宋塔无疑。据清嘉庆《宁国府志》载，广教寺宋太宗曾赐御书，梅尧臣为记。梅字圣俞，北宋宣城人，为著名之诗人，著有《宛陵集》。则该寺在北宋时卓有声誉。今两塔所嵌苏轼书刻石，其款均属："元丰四年二月二十七日责授黄州团练副使眉阳苏轼书以赠宣城广教院模上人。"元丰四年（宋神宗，1081）苏轼书《观自在菩萨如意陀罗尼经》赠广教寺大和尚，此墨迹遂藏寺中。复据西刻石跋"绍圣三年六月旦日宛陵乾明寺楞严讲院童行徐怀义摹刊，普劝众生，同增善果"。则知越十四年至绍圣三年（哲宗，1096）乾明寺楞严讲院徐怀义摹刻上石，分别置于东西塔上。此事与塔之兴建具有密切关系。佛书云："佛告天帝，若人能书写此陀罗尼，安高幢上，或安高山，或安楼上，乃至安置窣堵波（塔）中……""于四衢道造窣堵波，安置陀罗尼、合掌恭敬……"等所记，而此二塔形制较小，又位于广教寺山门口，用以藏陀罗尼经，其含义与佛书所示一致。复就塔内外壁剥落粉刷处，呈露部分，砖之尺寸虽非一致，要之皆为原砌，其构成之形制与结构亦皆属宋式。故在未发现其他记年之前，初步鉴定为北宋绍圣三年（1096）为广教寺双塔建造年代。

二十八　广州怀圣寺

广州怀圣寺是我国现存最古伊斯兰教清真寺之一，寺中的光塔，迄今所知为国内孤例。与它齐名的还有泉州清净寺、杭州凤凰寺、扬州仙鹤寺等，都是历史悠久的清真古刹。该寺为研究我国海外交通史、建筑史与伊斯兰宗教史的重要实例。1978年5月，我们应广州市文化局之邀，为修复六榕寺花塔去穗，顺便对该寺作了初步勘察。

寺在广州市怀圣路（旧称光塔街年），南向，入门有修长甬道，幽静清绝，其间区以三门，大门书"清真寺"，二门额"怀圣寺"，款云："清同治辛未（即同治十年，1871）仲秋重修，邓廷桢书。"经三门为看月楼，石壁四面，辟四栱门，正面题"怀圣光塔寺"款作"唐贞观元年（627）岁次丁亥鼎建，康熙三十四年（1695）岁次乙亥仲冬重建"。看月楼重檐翚飞，形制极古朴。左右廊庑周接，花木扶疏掩映。礼拜殿位于正中，出石栏台基之上，殿东西列方形对亭，东亭之后复有矩形亭，面西，似寓敞口厅之意。殿后有小院，东则小轩，置可兰经供教徒阅读。西乃浴室。看月楼东廊有门引入小院，客厅面南，前配花坛，楚楚宜人。再前西置平安室。

广州怀圣寺插画

光塔在寺之西南隅,邻街墙,浑然耸立。塔院之西北今为接待室,其后隔天井系杂屋。

礼拜殿虽然南向,而其内部布置仍为东西向,乃新建,钢筋混凝土桁架,下弦杆底,书有"大明成化三年(1467)岁次丁亥秋九月二十四日戊午重建,大清康熙三十四年(1695)岁次乙亥(1935)腊月十七日乙巳再建"。仅存故址而已。

寺之布局极紧凑,而院宇开朗,廊庑回合,极闿畅舒展之致。自礼拜殿廊下望拜月楼出花木间,光塔背负耸现其上,苍天白云,翠盖红墙,宛若仙山楼阁,令人流连难返,庭院静观之妙,于此得之。

怀圣寺之创建,虽传说出唐,至今笔舌纷纭,迄无定论,清金天柱《清真释疑补辑》有《天方圣教序》载:"天乃笃生大圣穆罕默德(570~632)作君作师,维持风化……隋文帝嘉其风化,遣使至西域,求其经典。开皇七年(587)圣命其臣赛一德斡歌士,赍奉天经二十册传入中国,首建怀圣寺,以示天下。"此文记为隋文帝开皇七年创寺,显然是错误的,那时伊斯兰教尚未兴起,始祖穆罕默德才不过十七岁,尚未成年,断无使臣可命之理。但从另一角度言,其为中国较早的清真寺,似无可疑。元至正十年(1350)《重建怀圣寺记》:"白云之麓,坡山之隈,有浮屠焉,其制则西域,磷然石立,中州所未睹，世传自李唐迄今。"证之实物，光塔形制，效自西域，中土所未见，正显事实出自外来匠师，当为可信。至于建造年代仅是世传李唐而已。"寺之毁于至正癸未（即至正三年，1343）也……殿宇一空。"至十年（1350），再建（据同碑）。明成化四年（1468）又重建（见《广东通志》卷五十三），清康熙间再建。文献碑记所见如此。其足信者有之，不足信者亦有之，元明清三代之重建记录则属有征。

光塔最早的记载是南宋方信孺《南海百咏》："番塔。始于唐时，曰怀圣塔。轮囷直上，凡六百十五丈，绝无等级，其颖标一金鸡，随风南北。每岁五六月，夷人率以五鼓登其绝顶。叫佛号，以祈风信。下有礼拜堂。半天缥缈认飞翚，一柱轮囷几十围；绝顶五更铃共语，金鸡风转片帆归。（历史沿革载怀圣将军所建，故今称怀圣塔。）"其后元《重建怀圣寺记》碑："……有浮屠焉，其制则西域，磔然石立，中州所未睹，世传自李唐迄今。蜗旋蚁陟，左右九转，南北其扃，其肤则混然，若不可级而登也。其中为二道，上出惟一户。"明严从简《殊域周咨录》卷十一默德那条怀圣寺番塔云："今广东怀圣寺前有番塔，创自唐时，轮囷直上凡十六丈有五尺，日于此礼拜。"清仇清石《羊城古钞》卷三，怀圣寺"在府城内西二里。唐时番人所创，内建番塔，轮囷凡十有六丈五尺，广人呼为'光塔'，……相传塔顶旧有金鸡，随风南北。每岁五、六月，番人率以五鼓登绝顶呼号，以祈风信，不设佛像，唯书'金字'为号以礼拜焉"。又卷七云："光塔，在怀圣寺，唐时番人所建，高十六丈五尺，其形圆，轮囷直上，至肩膊而小，四周无楯栏、无层级。顶上有金鸡，随风南北。每岁五月，番人望海舶至，以五鼓登顶呼号，以祈风信。明洪武间（1368～1398），金鸡为风所堕。"综上诸条可证，严、仇二记似皆出于元《重建怀圣寺记》，具言寺塔则建于唐。我们就今日所存实物而言，除去金鸡不存，高度未及核算外，其形制未有变易，与实物完全吻合。塔位于怀圣寺西南隅，小院成区，姑名之曰塔院，因历年浮土增长，塔的下部低于今日地面一公尺半以上。入塔须下降拾级而进，南北设二门，皆可螺旋登顶，南梯计设158级，北梯计设154级，塔壁递次轮转开狭缝，光线隐约，人攀其间，顿觉神秘之宗教气氛。左右各九转达平台，所谓"肩膊"是也。平台中心更置小塔，一门可入，内较暗，设转梯盘旋，上升数级无路可通。顶现为橄榄形。旧有金鸡，明洪武二十年（1387）七月，为飓风所堕，送至京师。存库，易之以铜，万历庚子（即万历二十八年，1690）修复，所易之铜铸为葫芦，清康熙八年（1669）葫芦又为飓风所堕（参见《广东通志》卷五十四）今状为晚近所修。但塔曾有被火之记载（参见《蒲寿庚考》，第146页。——编者注）。

广州市越秀区光塔

从文献表面记载到实物现状,两相印证,似乎光塔建于唐代无可非议。然而问题是在南宋岳珂《桯史》卷十一,又出现一段含糊不清的记载,迷离烟水,似欠分明。他说蒲(蒲寿庚之先人)姓"后有窣堵波,高入云表,式度不比它塔,环以甓为大址,累而增之,外圜而加灰饰,望之如银笔,下有一门,拾级以上,由其中而圜转焉如旋螺,外不复见其梯磴,每数十级启一窦,岁四五月,舶将来,群獠入于塔,出于窦,嗢哳号呼,以祈南风,亦辄有验,绝顶有金鸡甚巨,以代相轮,今亡其一足……为盗所取"。盗以雨伞为两翼,大风日自塔飞下,发觉被捕。事见《桯史》。

广州之阿拉伯商人蒲姓,据《蒲寿庚考》:"《桯史》之蒲姓为彼时广东第一富豪。统理外国贸易。蒲寿庚之祖先富甲两广,总理诸蕃互市。……恐《桯史》之蒲姓,即寿庚之祖先,考蒲姓出于十二世纪之末。"(参见《蒲寿庚考》,第115页。——编者注)"以意度之。今番塔或是蒲姓窣堵波之遗物。进一步言,怀圣寺塔似可云宋代蒲姓所建也。"岳珂在《桯史》卷十一说:"绍熙壬子(即绍熙三年,1192),先君帅广,余甫十岁,尝游焉。"此即对认为光塔有可能宋建的依据。

根据岳珂所言光塔之形制,与今日光塔极为相似,是否同一建筑,论据尚感不足。设若为一,是否就是蒲姓家塔?因为他只是讲

"后有",既可理解成蒲姓家宅内之后部者,也可理解成其住宅后有塔,如果是后面有塔,那就肯定非为家塔也必非蒲姓所建,若为蒲姓所自建,何以岳珂不书"后建有窣堵波"?故蒲姓建塔之说,难以成立,亦即1192年,南宋所建之说未能信立。

《南海百咏》成书于南宋开禧年(1296)(据吴兰修《南海百咏》书后年),光塔如果是在宋所建,最早当时亦仅百余年,在不较长之时期内,非但传闻清楚,且有可能证据确实,故方信孺言"始建于唐",如言建于隋,肯定错误,建于初唐,亦未近史实。岳珂记忆尚属童年,而方信孺之所书,似有所据,且方与岳珂同时,方之所记应较为可靠。唐至中、末叶,伊斯兰教盛行已二三百年,则建塔之说,焉能不信,再证之西亚、北非存相似之光塔,如伊拉克萨马腊大清真寺光塔(846～852),埃及伊本、杜隆清真寺光塔(876～879),虽然非完全相同,但都有不少相似之处。二者皆有九世纪中之产物。一在北非一在中亚,则东亚之中国定无可能建塔之理耶?因此,无论就文献、实物,除去否定"初唐"建塔之说外,若统言"始建于唐"目前尚无坚论推翻之。

从建筑形制来说,《蒲寿庚考》谓:"番塔形式。与回教寺院之普通光塔(Minaret)无异。据美国戈太尔(Gotheil)之研究,回教国之Minaret翁米亚（Ommeya）王朝瓦立得第一（Walid Ⅰ）时（705~715）始创建于叙利亚（1908，A、O、S会报百三五页回塔源流考）。（参见《蒲寿庚考》，第144页。——编者注）"据此，则广东番塔绝非唐初所建矣。Minaret即邦克楼，叫佛楼，夜间携灯其上有如台灯，观象与望远则兼用之而已。

此塔为圆形，中有塔心柱，梯级在柱与外壁间盘旋而上，与中土唐塔结构形式迥异，虽然宗教不同，形式自当有殊，然结构方式必互相交流，可是我国高层砖塔之出现巨大塔心柱，尚在五代之后，而实心塔心柱如开封铁塔，建于北宋，泉州开元寺双石塔建于南宋，此正是说明光塔建于唐的证明，经过一个历史时期内的消化融会，其结构才对我国塔起到影响。今光塔下沉与塔周后世文化层之堆积，较同地光寺南汉两铁塔为深厚，足证其建造年代在前。

总之：怀圣寺与光塔，建于唐时一说，似难非议，建宋之说，有近推测，证据尚感不足，这些还待我们继续从各方面进行考察，今后如能文献有征，并从塔基四周之文化层予以探勘，塔本身有所发现，则更能得出科学的论断。

怀圣寺之建筑尚有足述者，当推看月楼与三亭。

看月楼面阔三间，四壁为石墙，东西南北辟四圆拱门，重檐歇山造，楼虽不大，极精致，它不但耸立在中轴线上，分隔内外空间，而形体之古朴雅健，耐人寻味，不论从大门内望，或自内院观看，皆与左右配合妥帖，面面有致。斗栱角科用插栱，犹存古制，下檐平身科用两攒，出四跳无昂。上檐斗栱出三跳，内转跳数相同，上承天花尾。天花书阿拉伯文。斗栱无垫栱板，故内部通风采光甚好，亦华南古建惯用手法。此楼据门额为清康熙三十四年（1695）重建，尚能符合。

礼拜殿两侧之四方对亭，与殿右之矩形亭，制作工整，从梁架结构与雕刻来看，应为明成化间物，而经清初重修者。矩形亭尚存六边形石柱两根，两边相交处作海棠曲线，上置圆栌斗，其下石础剥蚀甚殊。此二石柱与础，皆宋元旧物。诸亭挑檐檩皆搭头造，亦存古意。飞椽为晚近所修。南方建筑至今尚保留许多宋元以前做法，如月梁、梭柱、插栱、圆栌斗等等，在鉴定年代上，切宜审慎，严格注意地方特征。

在越秀山兰圃之后，旧称北郊蕃人冢，是广州伊斯兰教先贤墓址，传为斡葛思墓所在，山径森幽，嘉树成荫，景物宁静，额曰"清真先贤古墓"，门屋内经月门，望庭中花木绚烂，兰香迎人。其西有堂三间，前列敞口厅，几案整洁，芳芬盈袖。结构方式与建造年代与怀圣寺诸亭同时。礼拜殿在其北，新重建，东连一屋面对大门，似为阅经之所。墓圆拱门正对敞口厅，额曰："高风仰止。"入内中为斡葛思墓室，署年贞观三年（679）。墓为撒拉逊式之棺，上复半圆球形拱（拱拜尔），拱之四角以菱角牙子砖与方砖叠涩共十四层。其构造一如扬州普哈丁墓园者（参见《文物》1973年第四期，陈从周《扬州伊斯兰教建筑》）。今墓室前附有檐屋。其他诸墓散置于园内。

  此墓园建筑处理之匀整亭当，花木之香润，气氛之肃静，可与扬州普哈丁墓园相颉颃而风格各具，并充分表现了伊斯兰教建筑之汉化，并与庭院相结合的巧妙手法，在今日探讨古为今用、洋为中用的学术空气中，此墓园似有附及之必要。

载《社会科学战线》1980年第1期，署名陈从周、路秉杰

二十九　临江仙　勘察广州花塔

　　不信我来花市过，画堂犹自芬芳。午阴嘉树覆浓阴。蝉鸣门外柳，人倚水边亭。

　　漫道此生还似梦，老怀未必堪惊。名园胜迹几重经。浮屠高百尺，健步上青云。

1978年5月，广州市六榕寺勘察花塔

六榕寺花塔

六榕寺塔
The Lotus Pagoda

塔始建于公元537年，供奉释迦牟尼佛真身舍利。公元1097年宝塔重建落成，新塔为砖木结构，八角形，外观九层，内有十七层，塔高57.6米。供奉"贤劫千佛"像及五百罗汉像，故称千佛宝塔。1358年，塔内顶层加铸了千佛铜柱，柱身铸1023尊佛像。因塔身瑰丽壮观，历史上经常显现光华，又称花塔，是古代岭南高层建筑的典范。2006年，寺塔被国务院确定为国家级重点文物保护单位。

The Lotus Pagoda was first built in 537 AD for worship of the sacred Buddhist remains of Sakyamuni. The Pagoda was reconstructed in 1097 AD in brick-and-wood structure. It is octagonal, has 9 layers looked outside but has 17 layers inside, with a height of 57.6 meters. It is also called A-Thousand-Buddha Pagoda since 1000 Buddhas and 500 Arhats statues are enshrined here. In 1358, a thousand-Buddha pillar was cast at the top inside the Pagoda, with 1,023 Buddha statues on the pillar. The magnificent Pagoda often gave out light in history, thus also named the Lotus Pagoda, which is typical of the architecture of the south of the Five Ridges. It became one of the key national cultural heritage conservation units identified by the State Council in 2006.

六榕寺塔は紀元537年に建てられ、中には釈迦牟尼仏の舎利を供えていた。紀元1097年に塔は一度建て直し、改築された塔は砖木構造の建築様式を取り、八角形、外部には九階、内部には十七階、高さ57.6メートル、「賢劫千仏」像及び五百羅漢像を供えて、故に千仏宝塔と称される。1358年に、塔内の天井に千仏銅柱を鋳造して加えられ、柱身には1023の仏像を鋳造した。塔の外形が華やかに見え、また歴史上においてたびたび光華を顕した故に、花塔とも称されるようになり、今は古代嶺南高層建築の典型とつ認められている。2006年に、六榕寺塔は国務院によって国家級重要文化財と指定されてい

六榕寺花塔介绍

六榕寺花塔局部

六榕寺花塔塔檐

三十　约观琶洲塔

旧梦而今成事实，驱车千里征程。羊城花月十分新。谁云初夏后，景物未宜人。

骤雨方过晴色好，珠江落日潮平。琶洲古塔①约同行。何辞筋力减，乘兴且登临。

琶洲塔路秉杰约观，1978年5月

---

① 琶洲塔：在广州市东南的琶洲，塔旁原有海鳌寺，又名海鳌塔，建于明万历二十五年（1597年）。塔分七层，以青砖砌成，登塔顶可远眺珠江四周景物。

琵洲塔远景

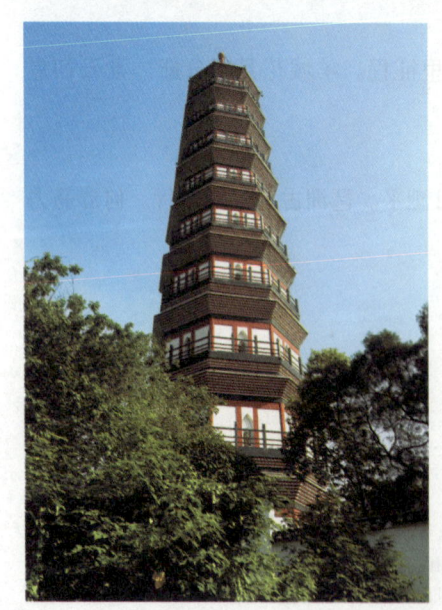

琵洲塔近景

/ 陈从周 / 说塔 /

三十一　豫晋散记

登开封铁塔

河南、山西已是快十年未到访了，今夏暑假偕喻君维国，从七月中旬出发，至八月下旬回沪，漫游了豫北与晋南，虽说是盛暑的季节，然而伟大辽阔的祖国土地，有着不同的气候，在这些地区，确是清凉宜人，无异作了一次有意识地避暑。但所见所闻，对阔别两地已近十年的我来说，真是变了样，一时不知从何说起呢！

七月十六日午前上海的水银柱已升到 38 摄氏度多，大伏天气了。傍晚在浦口轮渡上已是 40 摄氏度左右，车厢中的电扇送来的只是热气，人已有些倦意了，不觉渐入睡乡。第二天清晨到了开封，半夜滂沱大雨，顿如清秋，站上丰收的汴梁西瓜，虽足足有二十多斤，却一时勾引不了我的食欲，只希望在归途中带上两个，给在家的孩子们来个皆大欢喜。记得过去我曾买过一个二十五斤的西瓜，整整吃了两天，其情宛在目前。

开封是北宋时的汴梁城，京师所在，因为地濒黄河，屡为水浸，这历史上的名都还压在两米以下的黄土中，犹待今后新中国的考古者发掘呢。但是十四年来这城确是改变得快，修整的市容，热闹的相国寺，矗入云霄的铁塔，以及相国寺龙亭等，都是吸引游人的去处。《史记》上所说的"余过大梁之墟，求所谓夷门，夷门者，城之东门也"的怀古情绪，早为今日旧城新貌的境界而转移了。

祐国寺塔在开封城东北，现今铁塔公园内。这塔全身以铁色琉璃砖贴面砌成，故名铁塔。凡十三层，据实测高 54.66 米，建于北宋仁宗庆历四年（1044），平面八角形，由砖壁内可盘旋登至最高层。黄河巨流，奔腾槛底，闾阎扑地，平畴无际，尽入眼帘。这塔的外形秀挺，铁色的琉璃砖在阳光下闪闪炫人，而蓝天白云，苍松垂柳，在这公园中每天不知有多少劳动人民，来此休憩，借以消除一天的工作疲劳呢。

铁色的琉璃面砖一共有 28 种标准块，这可以用来砌出墙面、门窗、柱梁斗栱等。是我国古代劳动人民在材料技术方面一个伟大的创造。精美工致，它无异于一个铁色琉璃制品，多么的灵秀可爱。从建塔到现在,它经过了地震37次,大风18次,水患15次,雨患9次。尤以明清两代的黄河决口影响最大。抗战开始,敌人隔河以炮击,铁塔负伤累累,可是正如中华民族一样屹然不动。解放后,铁塔经彻底修缮,洗尽了疮痕,装点得很齐整了,形成开封市的重要特征。当我登到最高层的时候,凭栏四望,真的是"江山如此多娇"啊。铁塔前有铜佛,座高二尺,佛身高一丈六尺,硕大无比,此祐国寺遗物,北宋时所铸。

繁塔与铁塔齐名,原名兴慈塔,因有繁姓居其侧,故俗以此呼之。塔建于北宋太平兴国二年(977),平面六角形,现只存三层,乃明初信"铲王气"削改之余,但是高度仍是相当可观。这塔的建造年代比铁塔早,却已经用标准面砖来处理塔面的装饰,塔上砖面上有着各式各样形态的佛像与图案,与铁塔一样,使我们每一块砖都耐看,不过后者属琉璃制品而已。应该指出,铁塔与繁塔是今日研究宋汴梁城最重要的历史标识。

龙亭在宋故宫最后的地方,明为周王府,今遗址开辟为龙亭公园。亭位于高60余级高台上,踞台而望,收全城于一览中。其前之潘杨二湖,则一叶轻舟,供游者荡漾垂柳藕花间,此一片清波给开封城平添了一些江南的风光。闻名天下的相国寺铜佛像,早为军阀毁去,

铁塔远景

开封好,铁塔映初阳。六秩衰翁犹健步,十三层顶赋新章。笔底尽辉煌。(《忆江南·铁塔》)

塔面细节

开封繁塔

如今建筑修整后作为文化馆，四周的商场百货杂陈，又是游开封者必到之地了。

嵩山之行

七月廿一日晨乘汽车由郑州去登封，经密县，11点半达县城，回思上次来此，为时未能算久，然一路坦道，屋舍俨然，过去土路窑洞已不复能见，甚矣建设之快速了。记得当年阻雨困于登封，实因土路未能行车所致。

嵩山主体在登封县（今登封市）西北，由太室、少室两山组成，西南与伏牛山相接，余脉东去，止于密县中部，绵延约65公里。因为它地处中原，所以被称为中岳，与东岳泰山、西岳华山、南岳衡山、北岳恒山，合称为五岳，峻极峰高1584米，为嵩山最高峰。山不但以气候凉爽，也因风景雄健而著世。由汉以来历北魏唐宋，所遗石刻古建独多，盖当时封建君王，皆以嵩山为避暑的地方，以距洛阳很近。而少林寺拳术则更为大家所熟悉的了，如今该寺后殿，地砖上累累窟窿，即练武之遗迹，偏殿四壁绘武术壁画犹历历可见。

中原山水与东南稍异，正如北宗山水与南宗山水一样，这个道理如果不登嵩山，所领悟之处，自有浅深。嵩山之行，对我来说，确是一件快事。嵩山望去紫褐色，土是赤红，山间苍翠的树木，又是那么浓郁，云烟出岫，石骨峥嵘，其色彩之鲜明，轮廓之矫挺，正如唐代大小李将军的一幅金碧山水画，只可惜缺少楼阁的点缀。然而嵩岳寺、中岳庙一面，还能仿佛似之。至此方悟北宗青绿山水，以朱砂打底，上敷青绿，再以金线勾勒，其原有所自也。

嵩岳寺，原为北魏的一处离宫。有古塔一座巍然矗立于山间，其建于北魏正光四年（524），是我国现存塔中最老的一例，也是唯一的一个平面作十二边形的塔，高十五层，第一层特高，上均作密檐，计约40米，外形作抛物线状，柔和可意。淡黄的壁面衬托在苍褐色的山下，雅洁挺秀，令人望之神往，流连忘返，我盘桓山间到暮霭沉沉之时，方跨马去法王寺与会善寺，到灯火灿然之际，始回到县城。在途中看了唐天宝三年（774）嵩阳观碑，这碑是唐碑中的极则，造型雕刻之美，表现了唐代艺术的雄伟风格，北京的人民英雄纪念碑设计，形式是受此影响。

少林寺距登封市区14公里，在少室山下，如今汽车可达，是佛教禅宗名刹，以历代塔林（僧墓）与石刻称世。寺倚山面峰，松林如盖，清溪若奔，宛如一幅宋画，上次（1956年夏）来嵩山，因坠马伤胸，未能到此，这次一路看山而来，无异将长卷舒铺，逐陈眼底，到少林寺是卷末画的顶峰了。这天中午天气明朗，我有机缘看到"少室晴云"，归途中又是蒙蒙细雨，更使我饱尝了湿峰烟霭，与新建成功辽阔的嵩山水库。

少林寺的建筑范围极大，可惜主殿藏经阁等为军阀石友三所焚去，摧残了这历史名迹，如今有文物保管所专门负责嵩山的文物，与接待各地的游客。我曾在寺后一座宋代建筑名初祖庵的石柱上，看到丁丑（1937）四月傅沅叔（增湘）与徐森玉（鸿宝）二老的题记。湘老已辞世，其后人忠漠熹年与我友善。森老如今以84岁高龄，犹任上海市文物管理委员会主任与上海博物馆馆长，老而弥健，愉快地为人民服务。他如果重游的话，见了新的嵩山，不知要作何兴奋之辞了。

中岳是入山的大门，旧为历代祀岳之处，整个建筑群雄大完整，新近又修整了一次，如今并设有招待所，夏日游嵩山下榻于此，真是凉爽极了。庙中有百代碑刻，汉代的石阙石人，宋代的铁人等，足够逗玩。至于峻极峰以及太室三十六峰，少室三十六峰诸梵刹等，足够游者尽兴游览。今后可以游罢龙门，再登嵩山，然后到郑州，可由火车通东西南北，真是太便利了。

在县城中，承当地政府的招待，居处小院一角，窗前苹果绚红，枝压南墙，而晓山凝翠，又时时映我槛前，几日倦游，复我疲躯，临行握别，不尽依依，我频频对大家说，还拟作第三次重游啊。

广胜寺与"赵城藏"

七日清晨，我们动身去赵城广胜寺，寺距洪洞城35里，已建成了坦洁的公路。但是此次到晋南来，总是坐火车、汽车，沿途山景，不免有走马看花之感，因此去广胜寺决改乘小驴车，需停便停，要走就走，倒也落得"潇洒"一下。但必须前一天先与合作社接洽好，因为这种旅行在那里已是落伍的了，成千上万辆自行车，以及公共汽车，早就接替了这原始的代步方式。

出洪洞城，一路浓荫夹道，清流随人，田野间点缀着穿红着绿的村姑，十分鲜明可爱。渐行渐遥，望远山一塔耸然，同行者说，这便是霍山，塔名飞虹塔，即广胜上寺所在地，而路旁泉声益喧，延续数里，清澈见底，荇草蔓生，虽时近中午，而溽暑顿为之一消，古人所谓"醒泉"者，殆指此类而言了。晋南的泉，其佳处在醇厚清冽，荇草翠绿若新染，仿佛如饮汾酒，其浓郁芬芳处为他酒所不及者一样。这水从霍山山间来，名霍泉，眼底的一片肥沃农田，便是此泉所形成的。如今广胜下寺山门口建了水力发电站，又将泉三七分流，灌溉了赵城、洪洞两县的土地。

在广胜下寺文物保养所午餐，这里设有招待所，很是恬静，半天疲躯借榻休息了一会，便上山去看上寺，山有四百米的高度，这天中午特别热，拾级而上，喘息难平，到半山坐松林下，望纵横阡陌，午阴村居，信"霍泉"之利民了。到上寺先看飞虹塔，这塔建成于明代嘉靖六年（1527），僧达连所主持，这项工程是一座八角13层的琉璃砖塔，高47.63米。五色琉璃，与蓝天白云织成了一幅华丽的"明锦"。鼓着余勇登塔，梯级设于砖壁内，每向上走几步，必须将身后转跳到对方梯级上，如是上登，这种形式之梯级，是我国古塔中少见的一例。如今外边搭了脚手架，正在修理，因此得有机会将各层琉璃佛像仔细摩挲一番，如此工整而古艳夺目的明代手工艺，在我国琉璃的制作中，允称上乘之作了。

上寺以藏著名的《赵城藏》，是金代刻板的大藏经，自从1933年被发现以后，轰动了全国。抗日战争期间，日寇曾决定抢劫此藏经，八路军太岳军分区负责人薄一波同志派队伍去抢救出来，当时还牺牲了几位战士。如今这部《赵城藏》，完整地保存在北京图书馆。从这一段生动的事例中告诉了我们，中国人民解放军的确为人民做了数不清的好事。如今寺里的和尚指着殿中原来藏经的柜橱，娓娓不断地讲这件事，他的神态中流露出一个虔诚的佛教徒的衷心感激心情。

下寺的大殿，在枋上题着"大元至元二年（1309）季秋"，两壁原来是精美的元代壁画，1929年该地土豪勾结奸商出售于美国史克门。如今装在纳尔逊艺术博物馆内。我们看到两面的土壁，心情很是难受。下寺旁龙王庙的明应王殿，是广胜寺区内四座元代建筑之一，除正面当中一间装版门外，全系土坯墙，内部满绘壁画，"大行散乐忠都秀在此作场"的巨幅壁画，便在南壁东侧的墙上，是中国戏剧史上的珍贵史迹。由当时的画家胡天祥、高文远、席待诏等所绘，末署"大元岁次甲子泰定元年"（1324）等字，则殿的建造年代，最迟亦不能过泰定元年了。

  这殿的壁画，乍视之下，几疑为宋人之笔，盖用笔之挺健流走，设色之醇厚朴元中多见，此当与悬腕中锋有关，壁的特点所使然的。如今殿中正在并始临摹的工作，想不久此元代壁画又可与远近的爱好者相见了。

  广胜寺的建筑，像下寺正殿减去了柱子，移动了柱子的位置，在梁架上作了大胆而灵活的结构方法，使殿内空间扩大，是此殿的一个特色。相对着明应王殿，有一个戏台，虽然已经后代重修，但可以说明中国戏曲在元朝有着很大的发展。

  归途中停车看了一些新旧的民居，和个别的小庙，夕阳斜照于林间，晚冉冉兮将至的时候，我们方才望见洪洞县城，到旅舍已是万家灯火了。夜里12点时火车赴太谷，次日黎明到站。这里过去是票号纱号及富商的集中地，城市中的建筑规模很大，厚墙高楼，望之森然。如今还保存它的原状，以作为今日研究近代历史与建筑的实物资料。可是，新的太谷却在南门外大大地扩建，使人难以置信。一向保守的太谷城，今天也居然披上新装了。10日早晨4点，大雨如注，我们满以为无法到火车站，不料走到旅馆门口，那昨天相约好的三轮车，却按时地等候着我们，这真使人感动极了。他说："天雨客人不方便，我们就得为人方便。"话虽简单，含意多深啊！

太原是我旧游之地，今日重来，倍觉亲切，招待我住的地方——迎泽宾馆，面对着大道，高柳垂荫，晓风拂面。我从楼上凭槛远望，这几年来的建设，已彻底改变了当年军阀割据时狭小的落后城市面貌。新马路架上了无轨电车，风景区的晋祠，不断有公共汽车抵达。我曾去找我当年居住过的旅馆，今天已改建为高厦，幸亏路名未改，不然的话，那可无法辨认了。

山西省文物管理委员会罗主任、周工程师等来谈了一天有关山西古建筑保护的情况。临行，太原工学院土木系主任陈绎勤教授坚邀我去尝一次山西名菜与面，老友重逢，盛意无法推辞，卒至薄醉登车，次晨醒来，火车已到北京站了，时八月十二日。

1964年10月

三十二　开封祐国寺铁塔并非
　　　　出自喻皓之手

　　五代、北宋初大匠喻皓，凡有关记载皆详《哲匠录》，而《如梦录》铁塔寺条则阙焉。文中有"宋时浙人喻皓与丹青郭忠恕按图同修"句，则开封祐国寺铁塔又出喻手，但此塔建于庆历年间，上距喻皓之殁已半世纪，足证所记失实。宋人之于喻皓，颇似后世之于鲁班，略具神话化，五代北宋之高层建筑，非喻皓莫能为之慨，至此方信喻都料技术之高超，深入人心甚矣！

开封祐国寺铁塔

三十三　应县木塔

山西应县木塔，为现存古建筑之精品，国宝也。《枣林杂俎中集》，"应州木塔条"：

应州佛宫寺木塔，四层六檐八角，高三十六丈，辽清宁三年，田和尚奉敕募建。塔后殿九间，通一酸茨梁。洪武元年四月八日，塔顶佛灯连明三夜。文皇帝北征，幸其上，题"峻极神功"。后武庙巡应州，题"天下奇观"。(《应州志》)按佛法，佛菩萨塔高十三层，辟支塔应十一层。阿罗汉四层，余随品级减之。此八种塔，并有露盘、佛塔八重，菩萨七重，辟支六重，四果五重,三果四重,初果二重,轮五一重。凡僧但蕉叶火珠而已。后世建塔,不原佛制,圣凡相滥,纰误至多。

从周按:是塔今经测量,高 67.31 米。余 1955 年夏曾临其地。

应县木塔

三十四　太原天龙寺双塔题名

路生秉杰1964年至山西太原天龙山调查石窟归，于该处东西两塔见有建造者之题名，爰记于下：太原天龙山天龙寺圣寿普同塔东塔："阳曲县马白君玉恩道刊本县李德让侄辅卿、日卿、仁卿砌。"西塔："至正十七年岁次丁酉五月廿八白君玉刊。"天龙山圣寿寺普同塔记，时大元至正十七年岁次丁酉四月乙亥朔二十八日众执事建。此行予与喻维国留太原，未同往。

天龙寺圣寿普同塔之一

天龙寺圣寿普同塔之二

三十五　论塔与城

我对沈阳的建设，五体投地，沈阳工业首屈一指。可是到沈阳来，还要看看东陵、北陵和大帅府，因为这标志着沈阳的历史。我们一个城市，不能割断历史，我们到一个城市，国外也是这样，先看看他的博物馆，先了解他的历史的全貌，再看看各个时代留下的重点文物，这样以后，对一个城市了解清楚了。我们是历史唯物主义者，我们不能割断历史。没有旧，就没有新，有旧才能有新，新的要超过旧的。尤其是沈阳工业这么发达的城市，里面有许多比较重要的文物，应加以保存，说明沈阳是一个发展的城市。不仅沈阳市，辽阳的白塔是辽阳的标志，看到辽阳的白塔，就知道是辽阳。因为现在城市发展相当快，旧的标志没有了就搞不清了。如沈阳城里的鼓楼和钟楼至今还保存的话，那就更好了。我们知道沈阳的旧城，是以故宫为中心，外面全是发展出来的。

听说沈阳有西塔、北塔、东塔、南塔，应该保存起来，即使两个也应保存好，因为这是沈阳城市的标志。如开封有叫繁塔的，繁塔的地位是宋开封城外的地址，我们研究宋朝开封城，就得依靠繁塔的地点，如果这塔完了，开封城根本找不到了。我们园林工作者与文物工作者是兄弟，不可闹对立，闹纠纷，我们是相依为命的。

还有一个问题，现在的城防工程把风景区的水系都打乱了。这是个大问题，山里的泉水没有了，山就完了，好像人的眼睛被挖掉一样。所以这个问题，要同城防工作者好好商量商量，但这是相当吃力的。我碰到的是在福建开会时，泉州有个宝塔，是国家级文物，他要在宝塔旁十米处打防空洞，我讲不能打，他要打，说国防第一，你什么文物政策？等到下午五点，快散会了，还没有解决，他的权力大。我说："这个宝塔有几千吨石头，一个炸弹掉下来，宝塔倒了，要死多少人？你这防空洞能吃得消几千吨石头就修，不然就走。"后来他老老实实移远若干米,这叫"以毒攻毒"。我们的风景区如遇到这个问题,可与他好好商量,用"以毒攻毒"的方法,可以得到好处。一个风景区的水系被破坏了,是无法挽救的。

摘自《论北方园林》,1980年8月29日
摘自于沈阳建筑学会所做演讲记录稿

三十六　京师十塔

京师十塔：天宁寺塔、妙应寺白塔、法藏寺弥陀塔、双塔寺双塔、万松老人塔、五塔寺金刚宝座塔、八里庄永安塔、北海白塔、玉泉山玉峰塔、新建西山佛牙塔（1957年建，1960年完成，友人杜仙洲主工程事），其他尚有碧云寺金刚宝座塔、玉泉山妙高塔等。

天宁寺塔

天宁寺塔塔身石雕

天宁寺塔底部

天宁寺塔底部细节

万松老人塔

万松老人塔塔底

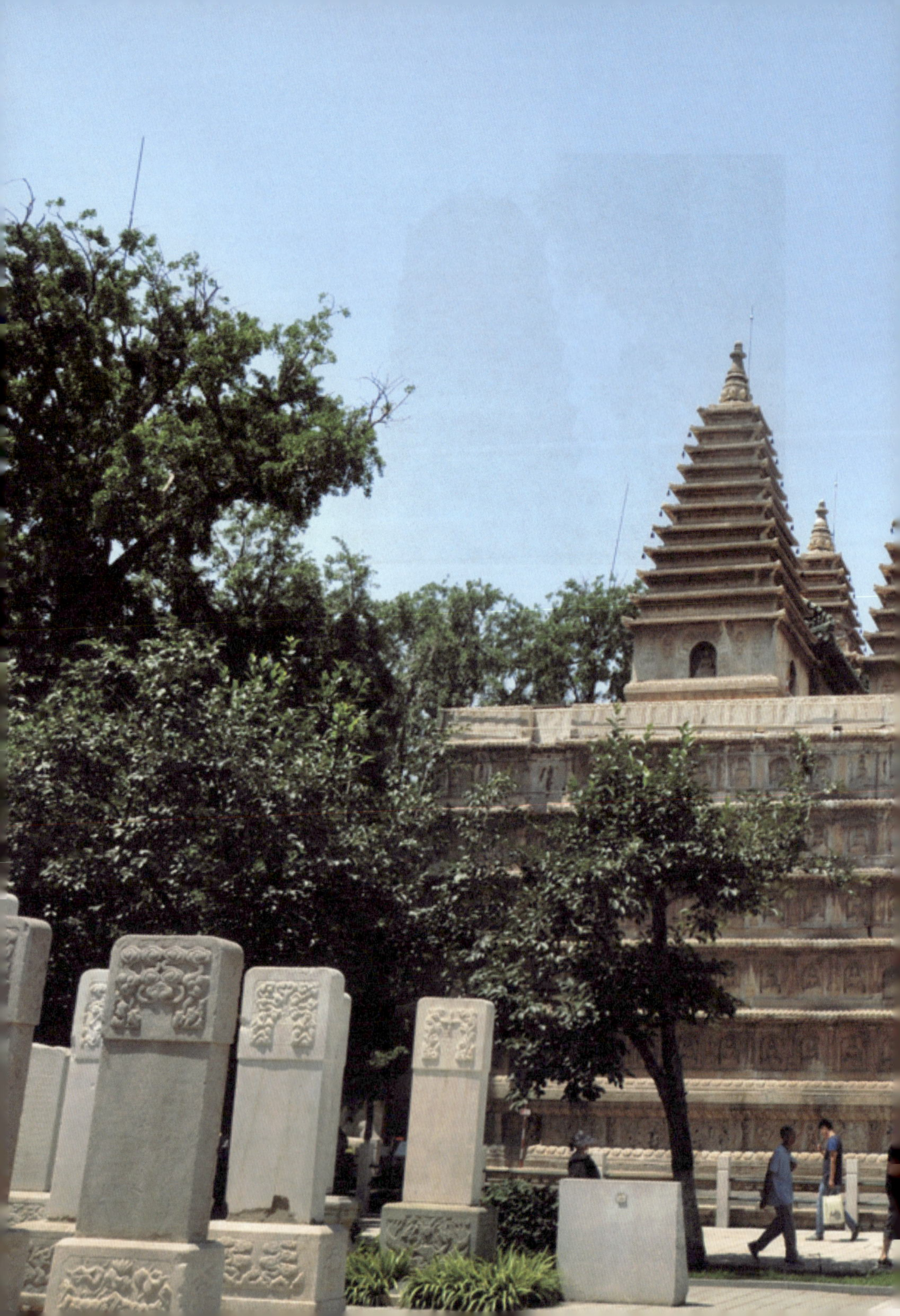

五塔寺金刚宝座塔近景

五塔寺金刚宝座塔远景

/陈从周/说塔/

五塔寺金刚宝座塔局部

五塔寺金刚宝座塔细部

碧云寺入口

碧云寺金刚宝座塔近景

碧云寺金刚宝座塔远景

碧云寺金刚宝座塔介绍

永安塔远景

/陈从周/ 说塔/

永安塔塔底

永安塔石雕

北海白塔

/ 陈从周 / 说塔 /

西山灵光寺佛牙塔

佛牙塔

三十七　玉泉山周围诸塔

　　北京西郊诸园每以其西诸山为借景，予言之屡矣。今闻北京故老相传，谓玉泉山形势为船形，玉峰塔像船之桅杆，其前山有小塔，像船锚，后山之妙高塔（妙高寺今已成墟，寺内之妙高塔犹存），像船舵，其中间殿宇房舍则像船舱，唯须于侧面观之，如在颐和园"画中游"遥望，可观其全貌。

玉峰塔

妙高塔

/ 陈从周 / 说塔 /

编后记

我的高中时代有两年时间是在浙江武义度过的，城东北的武川路和环城北路交会处有个小山坡，山坡上植被茂盛，树木参天，其间有座很高的六面七层白色砖塔。未入城，就能远远地看见。起初我只知道它是个古塔，也曾经在秋夜的月光下，盘桓于塔前。后来我知道这座塔叫发宝象龙塔，那个小山坡因形似马鞍，故称金鞍山。这塔，始建于明万历三十年（1602），高42米多，登塔可尽览武义风光，给我留下了深刻的印象。

弹指间我离开武义已经十多年了。每次驱车路过，我都会情不自禁地放缓车速，举目寻觅发宝象龙塔。总会想起陈从周先生说过的，塔"是乡情和爱的象征"。此刻又是秋夜，一年多以前，我开始系统地整理先生有关中国古塔的文字，搜集古塔的图片，补拍古塔的照片。此时静坐桌前，我整理完最后一幅图片，脑海中又浮现出武义的发宝象龙塔和武义延福寺。延福寺是经陈从周先生鉴定明确其大殿为元代延佑四年（1317）建造的，是江南地区现存最早的元代木结构建筑，让人感叹中国建筑的博大精深！

这本书中的配图，一部分是陈从周先生原文中的老照片，另有许多图片是我和徐斌、王利明、强峻、王仕龙、段建强、张杞贤、唐立森、陈卓鲲拍摄的，他们为本书的编选提供了极大的帮助，在此我向他们表示衷心的感谢。我的师兄徐斌，清早出发，一天内独自驱车近900公里，拍摄了淮安文通塔的照片，深夜我打开电脑，见他发来的图片，真是感激不尽！

本书的策划编辑杨轩，文字编辑刘玉静，设计师蔡长海，为了把先生的作品尽可能完美地呈现出来，付出了大量的心血。在此，我向他们表示衷心的感谢。

塔，屹立在广袤大地上，崇山峻岭间，昂扬入云。塔不仅是建筑，是中国传统文化的缩影，更是明灯，引人遐想。

勾愫痕

2018年9月23日戊戌秋分

于心畅轩

图书在版编目(CIP)数据

陈从周说塔 / 陈从周著；勾愫痕编. -- 北京：社会科学文献出版社，2018.11
（百年从周）
ISBN 978-7-5201-3616-7

Ⅰ.①陈… Ⅱ.①陈… ②勾… Ⅲ.①古建筑-塔-中国-文集 Ⅳ.①K928.75-53

中国版本图书馆CIP数据核字（2018）第227165号

·百年从周·
陈从周说塔

著　者 /	陈从周
编　者 /	勾愫痕

出 版 人 /	谢寿光
项目统筹 /	杨　轩
责任编辑 /	杨　轩　刘玉静

出　　版 /	社会科学文献出版社·北京社科智库电子音像出版社（010）59367069 地址：北京市北三环中路甲29号院华龙大厦　邮编：100029 网址：www.ssap.com.cn
发　　行 /	市场营销中心（010）59367081　59367083
印　　装 /	北京盛通印刷股份有限公司
规　　格 /	开　本：787mm×1092mm　1/16 印　张：14.25　字　数：128千字
版　　次 /	2018年11月第1版　2018年11月第1次印刷
书　　号 /	ISBN 978-7-5201-3616-7
定　　价 /	79.00元

本书如有印装质量问题，请与读者服务中心（010-59367028）联系

版权所有 翻印必究